Regina Bestle-Körfer
Annemarie Stollenwerk

# So bunt und stürmisch ist der Herbst

CHRISTOPHORUS

# Inhalt

# 1 Zur Einstimmung

## Den Elementen ausgesetzt

Schon seit Menschengedenken folgt die Natur ihren eigenen Gesetzen. In den vier Elementen Erde, Luft, Wasser und Feuer hat sie eine Vielzahl von Ausdrucksformen. Jederzeit ist sie für uns präsent und erlebbar. Doch unsere Erfahrungen mit den Elementen sind heute nicht mehr so unmittelbar wie die unserer Vorfahren. Den Elementen ausgesetzt und oft auch wehrlos ausgeliefert, mussten die Menschen in früheren Zeiten lernen, sich vor der Urgewalt von Erde, Luft, Wasser und Feuer zu schützen: den Sturm am eigenen Leib erfahren, die Kraft des Feuers mit segensreichen und verheerenden Folgen spüren, der Erde verbunden sein als Lebensgrundlage für Ackerbau und Landwirtschaft, sich an sprudelnden Quellen und an Flüssen niederlassen, weil nur in der Nähe von Wasser Leben möglich ist.

Die tägliche Begegnung mit den Elementen führte dazu, dass die Menschen in ihnen göttliche Wesen sahen und sie in ihrem Volksglauben mystifizierten. So hatte man z. B. Ehrfurcht vor dem Beruf des Köhlers oder des Schmieds, weil man glaubt, diese Menschen seien Wesen des Feuers und nur als Menschen verkleidet.

## Sinnliche Erfahrungen in der Natur

Mit unserer heutigen Lebensweise haben wir uns weit von den elementaren Erfahrungen mit den Kräften der Natur entfernt. Vor Regen, Sturm und Kälte schützen uns dicke Mauern aus Stein. Das Feuer brennt domestiziert in den Heizkörpern unserer Wohnungen oder dekorativ im Kamin. Die Erde ist zugepflastert und versiegelt und unserer Mobilität in Form von Wegen, Straßen und Gleisanlagen nützlich. Wasser läuft jederzeit verfügbar aus dem Wasserhahn. Die Luft, die wir atmen, ist verschmutzt und belastet.
Trotz Zivilisation ist der Umgang mit Naturgewalten nicht vollständig kalkulier- und steuerbar geworden. In Zeiten von Erdbeben und Überschwemmungen, Lawinenunglücken und Sturmschäden werden uns die elementaren Kräfte in ihrer manchmal auch

zerstörerischen Gewalt bewusst. Und sie wecken in uns Gefühle von Ohnmacht und Angst, aber auch von Ehrfurcht und Achtung.
Kinder sind mit all ihren Sinnen ansprechbar für das Blühen und Sterben in der Natur. Was sie unmittelbar mit den Sinnen be-greifen, be-rührt sie. Doch die Bewegungsfreiräume der Kinder in der Natur sind heute leider deutlich eingeschränkt. Abgelöst werden diese einfachen und natürlichen Erlebniswelten durch eine Vielzahl reizintensiver, sensationsreicher Spielzeuge und Freizeitaktionen, die Kindern häufig im Überfluss und ohne Ruhepausen angeboten werden. Dazu zählen die elektronischen Medien, die blinkenden und piepsenden Plastikwelten und Vergnügungsparks, die Kinder konsumieren. Wir glauben, dass die Ausgewogenheit der Sinneseindrücke dabei auf der Strecke bleibt. Zu häufig werden die Kinder meist einseitig akustisch und visuell stimuliert. Und sie haben wenig Gelegenheit und Zeit, die Reize mit dem ganzen Körper in Bewegung zu verarbeiten.
Kinder brauchen so viel Naturerfahrungen wie möglich für ihr körperlich-seelisches und geistiges Wachstum. Je sinnlich anregender sich die Welt den Kindern eröffnet, umso größer wächst ihr Erfahrungs- und Handlungsspielraum heran.

## Jahreszeiten prägen unsere Lebenszeit

Unsere Lebenszeit ist eingebettet in den Rhythmus der Jahreszeiten – Frühling, Sommer, Herbst und Winter –, die unser Lebensgefühl entscheidend beeinflussen. Die Jahreszeiten sind farbig wie die Seelen der Menschen, denn auch unser Leben fühlt sich mal unbeschwert, überschäumend, lebendig, mal besinnlich, beschaulich, behaglich oder auch voll von Abschied an. Innen und Außen sind manchmal eins und ein anderes Mal sehr gegensätzlich. Dabei bieten uns die einzelnen Jahreszeiten eine wahre Fülle von Sinneserlebnissen, die wir – gleich einer Schatztruhe – immer wieder öffnen und uns daran bereichern können.
Im Kindergarten- und Grundschulalltag stellen die Jahreszeiten mit ihren Festen einen klaren Rahmen für die Gestaltung von Spiel-, Bastel- und Bewegungsangeboten dar. Wir sind der Überzeugung, dass diese festen Punkte im Laufe eines jeden Kinderjahres mit ihrer gestalterischen und atmosphärischen Dichte zur Nahrung der Kinderseelen dienen, weil sie – in bestimmte Riten und Bräuche eingebettet – Erlebnisvielfalt und Sinnenfreude vermitteln. Die wiederkehrende Erfüllung sehnsüchtiger Erwartungen versprüht Lebendigkeit im Kinderalltag und stärkt Vertrauen in das Leben.
Setzen wir uns also in jeder Jahreszeit bewusst den Elementen Erde, Luft, Wasser und Feuer aus. Nehmen wir den Wind und die Sonne wahr, spüren wir die Erde unter unseren Füßen, den Lehm in unseren Händen, finden wir Freude an einem Regenspaziergang durch tiefe Pfützen, an einer Wanderung durch Nebel und Kälte. Lassen wir unseren Sinnen freien Lauf, um scheinbar Unsinniges zu tun. Auf diesem Weg werden wir viel Lebendigkeit in uns spüren. Unsere manchmal verarmten Sinne werden sich befreien aus ihrer Acht- und Teilnahmslosigkeit. Und wir werden neue Wege entdecken, der Natur und ihren Elementen voller Freude näher zu kommen. Dazu wollen wir in diesem Buch eine Fülle spielerisch-sinnlicher Anregungen zum Herbst anbieten, mit allen Sinnen in die Natur und ihre Elemente eintauchen: so bunt und stürmisch wie der Herbst.

# 2 Dem Herbst entgegen

## Das Abenteuer wartet vor der Tür

### Zu Fuß unterwegs

***Wenn der Herbstwind uns so richtig durchpustet, wenn wir seine kühle Rauheit auf unserer Haut spüren, wenn wir den warmen Schal um den Hals als wohlig und angenehm empfinden, dann weiß auch jedes Kind: Der Sommer ist vorbei und etwas Neues beginnt. Unsere Augen werden von einer Buntheit und an manchen Tagen von einer atemberaubenden Klarheit der Luft und Fernsicht verwöhnt. Der goldene Herbst schenkt uns Farben und Früchte. Wir gehen sammeln und kehren mit reich gefüllten Manteltaschen heim in die warme Stube. Wir räumen den Garten auf, es wird geschnitten, geerntet. Die Kartoffeln und Möhren werden ausgegraben. Es ist die Zeit des Abschieds und Dankens für die Fülle, die uns das Jahr geschenkt hat. Jetzt können Kinder nach Herzenslust forschen, spielen, lernen und sammeln, so oft und naturnah wie möglich, denn dort draußen spielt er sich ab – der Herbst. Da gibt es Bäume, Wind, Pfützen und Erde und vieles mehr zu entdecken.***

### Ein herbstlicher Abenteuerspaziergang

Ein würziger, laubig-modriger Geruch strömt durch den Wald und verrät seine Feuchtigkeit. Der unverwechselbare Duft nach Erde und Herbst. Raschelnde Blätter auf unseren Wegen. Unter unseren Füßen das wiederkehrende Schmatzen der Stiefel im glitschig aufgeweichten Waldboden. Der herbstliche Zauber lockt nach draußen, die Farben der Bäume, das klare goldene Sonnenlicht, das durch Wolken strömt. Ein Abenteuerspaziergang im Herbst ist ein Fest für die Sinne.

Wir können abwarten, welche Ideen die Kinder spontan äußern, wir geben aber auch kurze Anregungen, steigen aktiv in ihre Phantasiespiele ein und entwickeln sie gemeinsam weiter. Ein Abenteurer zu sein stärkt das Vertrauen in die eigene Kraft und Kreativität. Wecken Sie diese Lust der Kinder auf Abenteuer und Erlebnisse aus erster Hand. Sie finden sie überall dort, wo Kinder sich bewegen, wo sie ungehemmt und gefahrlos klettern und sich verstecken können. Der Wald, aber auch ein Park oder ein großer Garten sind das Tor zum Abenteuerland.

- Ein alter Baum ist beim letzten Sturm umgestürzt. Wir betrachten seine gewaltigen Wurzelarme, die offen über der Erde liegen, und die Kinder erstürmen ihr neues Piratenschiff, Zeit zum Klettern.
- Die Kinder entdecken im Unterholz ein kleines Erdloch. Alle schauen hinein. Wie tief ist es? Wohnt dort jemand? Wer traut sich, mit der Hand hineinzufassen? Ist es eine Räuberfalle? Ja, wir bauen eine Räuberfalle! Dazu legen wir Stöcke über das Erdloch und tarnen es mit Blättern. Morgen kommen wir wieder und haben vielleicht, mit ein wenig Glück, einen Räuber gefangen!
- Unter einem großen weichen Mooskissen vermuten wir die Waldzwerge. Wir legen unser Ohr auf das Moos und lauschen. Hört ihr ein Klopfen, ein Schaben, ein Rascheln, ein Klingen? Hört ihr die Waldzwerge arbeiten? Sie müssen die Baumwurzeln bürsten, damit die Wurzeln Wasser trinken können. Sie suchen Edelsteine, Gold und Silber unter der Erde. Wir bauen Mooshäuschen für die Wichtel zwischen Baumwurzeln mit Naturmaterialien. Wir basteln Zwerge aus Tannenzapfen, eine Hagebutte als Kopf, die eine Zipfelmütze aus einem leuchtend roten Blatt trägt.

## Rätselspiel

Wir legen alle Fundstücke in einem großen Kreis auf den Waldboden. Die Kinder versammeln sich um ihre Herbstschätze und erraten die vorgetragenen Rätsel, die wir uns spontan zu unseren Schätzen ausdenken:

- Es lebt am Baum, geht immer um den Baum herum und kann doch nicht hinein. *(Die Baumrinde)*
- Es hat fünf oder sieben Finger und ist keine Menschenhand. *(Ein Rosskastanienblatt)*
- Es ist klein wie eine Maus, außen stachelig wie ein Igel und innen glänzend wie ein brauner Spiegel. *(Die Rosskastanie)*
- Es ist weich wie ein Kissen und grün wie ein Frosch. *(Das Moos)*
- Es wurde nicht aus Stein gebaut und ist doch ein Haus zum Wohnen. *(Ein Schneckenhaus)*
- Es hat eine rote Jacke und eine schwarze Kappe. *(Die Hagebutte)*

## Im Sammelfieber

Sammeln ist beschaulich und besinnlich. Es lenkt den Blick des Kindes auf Details, die es bei wilden Bewegungsspielen nicht wahrnehmen würde. Sammeln weckt die Phantasie des Kindes, weil es sich dabei neue Spiele überlegt und sich Fragen zu Naturzusammenhängen stellt. Erst wenn die Kinder ihre Herbstschätze ausgiebig selbst draußen gesammelt haben, dann dürfen die Herbstschätze auch drinnen sein, dann erst haben sie einen Bezug zum Kind. Dann erst sind es die Schätze der Kinder. Schaffen Sie kein Herbstmaterial im Kindergarten an, begeben Sie sich lieber mit den Kindern auf die Suche in der Natur, verkleben Sie nur jene Herbstblätter auf Papier, verbasteln Sie nur solche Kastanien, Eicheln, Bucheckern, Nüsse, Zapfen oder Rinden, die die Kinder eigenhändig gesammelt haben. Nur so können sie den Herbst be-greifen und lebenslange Sinneserlebnisse speichern.

# Spielplatz unterm Blätterdach

## Im Wald

Die Zeit des Herbstes ist besonders zu Beginn, im September und bis in den Oktober hinein, die Zeit des Draußenseins. Die letzten Sonnenstrahlen wärmen unsere Haut, machen gute Laune und Lust auf Bewegung. Wir können mit den Kindern die Zeit im Freien so richtig auskosten, bis die nahende und dunkle Jahreszeit uns Menschen in die Häuser drängt.

### Fuchsbau

Im Wald sammelt jedes Kind Stöcke und legt um sich herum einen Kreis – das ist der Fuchsbau. Ein Fuchs bleibt heimatlos. Er geht im Wald umher und fragt die anderen Füchse: „Ist noch Platz in deinem Bau?" Die Kinder antworten: „Leider nein, mein Fuchsbau ist zu klein." Der heimatlose Fuchs darf plötzlich rufen: „Hilfe, der Wald brennt!" Alle Füchse verlassen ihren Bau und suchen sich einen neuen, auch der bisher heimatlose Fuchs.

### Der blinde Maulwurf hat Geburtstag

Ein Kind ist der „blinde Maulwurf" und bekommt die Augen verbunden. Die anderen Kinder sind seine Freunde: Dachs, Maus, Fuchs, Eichhörnchen, Vogel usw. Sie bringen dem blinden Maulwurf ein Geburtstagsgeschenk, das er ertasten muss. Wenn er ein Geschenk (z. B. Zapfen, Kastanie, Blatt, Feder) erraten hat, ist ein anderes Kind der blinde Maulwurf.

### Kobold Klaus

Wir türmen viele Blätter zu einem hohen Berg. Ein Kind versteckt sich im Blätterberg. Die anderen Kinder fassen sich an den Händen und stehen, in spannender Erwartung, um den Blätterhaufen herum. Sie rufen: „Kobold Klaus, komm heraus!" Das Koboldkind springt mit lautem Geschrei aus seinem Versteck hinaus und versucht ein Kind zu fangen. Jedes berührte Kind wird auch ein Kobold und steigt mit in den Blätterberg. In einer zweiten Runde fangen sie gemeinsam.

*Variante:* Jeweils das zuerst gefangene Kind ist der nächste Kobold im Blätterberg.

## Das große Durcheinander

Ausgangspunkt für dieses Spiel ist ein gemeinsam hergestelltes Spielfeld. Auf einer Pappe werden zirka 40 bis 50 Felder aufgemalt und mit bunten Nummern versehen. Das Spiel wird mit mehreren Mannschaften gleichzeitig gespielt. Zu jeder Mannschaft sollten drei bis vier Mitspieler gehören. Pro Mannschaft werden eine Spielfigur (ein Stein, ein kleiner Tannenzapfen, ein Schneckenhaus, ein kleines Stück Holz, eine Eichel, eine Kastanie usw.) und ein großer Würfel benötigt.

In einem abgesteckten Gebiet werden Zettel oder große Blätter an Bäume und Sträucher geheftet. Jedes Blatt trägt eine Zahl auf der Vorderseite und ein Symbol auf der Rückseite. Den Symbolen sind bestimmte Aufgaben zugeordnet, die es zu erfüllen gilt. Solche Aufgaben können sein:

- Bringt fünf verschiedene Blätter mit!
- Bastelt einen kleinen Waldwichtel!
- Sucht zwei verschiedene Moossorten!
- Sucht ein Stück Rinde!
- Legt aus gesammelten Tannenzapfen einen Baum auf den Boden!
- Nennt fünf Bäume unseres Waldes!
- Sammelt drei verschiedene Herbstfrüchte!
- Macht einen Hürdenlauf über acht Stöcke!
- Nennt fünf Tiere, die im Wald leben!
- Erratet mit geschlossenen Augen diese Geräusche (z. B. raschelndes Laub, Klopfen an einen Baumstamm, Aneinanderreiben von Steinen)!
- Hüpft auf einem Bein und singt das Lied „Ein Männlein steht im Walde!“
- Balanciert rückwärts über einen Baumstamm!
- Sucht etwas Hartes und etwas Weiches!

Nacheinander würfeln die Mannschaften. Entsprechend der Würfelaugen rücken sie auf dem Spielplan vorwärts. Hat eine Mannschaft z. B. eine Fünf gewürfelt, rückt sie mit ihrer Spielfigur auf das Feld mit der Fünf. Dann rennen alle Mitspieler gemeinsam los, um den Zettel mit der Fünf zu suchen und sich das Symbol auf der Rückseite des Zettels zu merken. Ist das Symbol erkannt, muss sich die Mannschaft gemeinsam beim Spielleiter oder seinem Assistenten einfinden. Dort bekommt sie ihre Aufgabe gestellt. Wird die Aufgabe erfüllt, rennt die Mannschaft zum Spielplan, würfelt und erhält so ihre neue Zahl und ihre neue Aufgabe. Die Mannschaft, die zuerst am Ende des Spielplanes angekommen ist, hat gewonnen.

Zu beachten ist für den Spielleiter und seine Helfer, dass eine Aufgabe immer nur dann gestellt werden darf, wenn sich alle Mitspieler einer Mannschaft eingefunden haben.

### Waldkindergarten

In Dänemark gibt es den Waldkindergarten schon lange als pädagogisch erprobtes Modell. Kinder verbringen ihre Kindergartenzeit unter freiem Himmel. Auch in Deutschland hat sich der Waldkindergarten, als feste Einrichtung ohne Haus, herumgesprochen. Aber nicht nur in dieser festen Form eines pädagogisch-ganzheitlichen Konzeptes wird er hierzulande praktiziert, sondern zunehmend als Projekt. Die Erzieherinnen planen zwei bis drei Wochen im Jahr, in denen sie den ganzen Vormittag mit den Kindern im Wald verbringen.

# Freunde zum Klettern und Spielen

## Bäume

Bäume sind Freunde der Menschen. Sie schenken uns saubere Luft zum Atmen, Schatten bei gleißendem Sonnenlicht und Schutz bei Regen unter großen Baumkronen. Im Herbst verwöhnen uns ihre Früchte mit ihrem Geschmack und ihre Vitamine und Nährstoffe tragen dazu bei, dass wir gesund bleiben. Bäume versorgen die Menschen mit Holz für Möbel, Boote, Häuser und Spielgeräte.
Bäume sind Freunde der Tiere. Auf jedem Baum leben unzählige, winzig kleine und größere Tiere, die miteinander eine Lebensgemeinschaft bilden. Wir beobachten mit den Kindern, welche Tiere auf Bäumen leben. Dort krabbeln und tummeln sich Ameisen, Käfer, Würmer, Asseln, Schmetterlinge und viele mehr. Auch größere Tiere besuchen Bäume zur Nahrungssuche oder um sich in ihrem Schatten auszuruhen und zu verstecken. Vielleicht entdecken wir, wenn wir ganz leise sind, ein Eichhörnchen, einen kleinen Singvogel oder einen schwarzen Raben.

### Unser Baum

Wenn wir aus einem Fenster unserer Wohnung, des Kindergartens oder unserer Schule schauen, sehen wir bestimmt direkt auf einen Baum. Wir können gemeinsam überlegen, ob wir wissen, wie der Baum heißt, ob wir seine Blätter und Früchte kennen. Wir nennen ihn einfach „unseren Baum“. Er ist unser Freund, weil er ganz nah bei uns lebt und wichtig für uns Menschen ist. Wir besuchen unseren Baum, befühlen seine Rinde. Ist sie rau oder glatt? Wie dick ist unser Baum? Wie viele Kinder können ihn umfassen? Wie alt mag der Baum sein? Wie riecht unser Baum? Wir beobachten jetzt jeden Tag, wie sich „unser Baum“ im Herbst verändert. Wie bewegt er sich im Wind? Ist unser Baum ein Kletterbaum?

### Drinnen wächst ein Baum

Wir bauen eine Baumplastik im Haus. Dazu benötigen wir eine große Rolle aus Wellpappe, die wir mit Kleister und Papierschnipseln modellieren, bis sie die Form eines Baumstammes bekommen hat. Wir können den Baumstamm, wenn er getrocknet ist, mit brauner Farbe bemalen und mit gesammelten Rindenstücken und Moos bekleben. Gesammelte Äste und Zweige stecken wir oben in den Stamm hinein. Im Herbst kleben wir gesammelte Blätter an unseren Baum. Der Baum kann uns durch die Jahreszeiten begleiten. Wir spielen mit unserem Baum: Wir spielen Wind und Herbststurm und versuchen, die Blätter von dem Baum zu pusten. Wir hängen Früchte in unseren Baum und basteln kleine Tiere aus Naturmaterialien (Vögel, Käfer, Tausendfüßler, Igel, Spinnen und Spinnennetz), die mit uns im Baum leben.

## Was erlebt ein Kind beim Bäumeklettern?

Bereits das Anfassen der Baumrinde, der Äste und Zweige verrät etwas über die Rauheit oder Glätte eines Baumes. Beim Ästegreifen und -suchen unterscheiden Kinder zwischen solchen, die dünn oder dick sind, die sich biegen und die manchmal auch brechen. Sie erfahren etwas über Stabilität und Sicherheit auf der einen Seite und etwas über Instabilität und Gefahr andererseits. Jeder Baum hat seinen eigenen Geruch und sein eigenes Aussehen. Er gibt Geräusche von sich: Besonders im Herbst hören die Kinder den Wind in den Bäumen, sie hören die Blätter rascheln. Sie spüren am eigenen Körper, wie sich der Baum mit ihnen wiegt. Im Baum verstecken sich Vögel und andere kleine Tiere, die Kinder beim Klettern aus nächster Nähe beobachten können. Welches Glück, wenn Kinder einen Baum erklettern, den sie auch gleichzeitig schmecken können, nämlich dann, wenn sie einen roten knackigen Apfel selber pflücken und anschließend essen.

## Tiere hamstern und kuscheln im Herbst

Wir stellen uns vor, wir sitzen im Wald, vielleicht auch unter unserem Baum im Haus.

Die Kinder können ihre Waldkuscheltiere (Bär, Fuchs, Hase, Eichhörnchen, Maus, Hamster usw. oder ihre Lieblingskuscheltiere) als Spielfiguren einsetzen. Wir spielen, wie Tiere im Herbst Vorräte für den Winter sammeln und sich ein warmes kuscheliges Nest bauen.

*Material:* Viele frische oder getrocknete Blätter; Futter für die Tiere - wie Eicheln, Nüsse, Bucheckern, Ahornsamen; kleine Körbe mit Moos und Stroh und jeweils einen Korb für jedes Nahrungsmittel. Zwei große Holzwürfel – ein Punkte- und ein Farbenwürfel, den wir mit drei Farben, jeweils in doppelter Anzahl, bekleben: (Grün, Gelb, Weiß). 20 weiße Federn und ein weißes Bettlaken; ein gelbes oder braunes Tuch.

*Spielvorbereitung:* Unter einige Blätter kleben wir jeweils eine Eichel, eine Nuss, eine Buchecker, einen Ahornsamen.

*Spielverlauf:* Die Kinder sitzen mit ihrer Spielfigur auf dem Boden um ein großes gelbes oder braunes Tuch herum, auf das wir alle Blätter verteilen. Die Kinder sollen sich mit ihrem Kuscheltier ein Nest bauen und einen möglichst großen Wintervorrat sammeln. Jedes Kind würfelt gleichzeitig mit dem Punkte- und dem Farbenwürfel. Der Farbenwürfel entscheidet bei der Farbe Grün: das Kind darf sich ein Mooskissen aus dem Körbchen nehmen. Bei Gelb: es darf einen Strohhalm aus dem Körbchen nehmen. Der Punktewürfel bestimmt, auf wieviele Blätter das Stofftier springen kann, um diese Blätter herum zu drehen und dort Futter zu finden. Findet ein Kind ein Blatt mit einer beklebten Nuss oder Eichel usw., darf es sich das gefundene Teil aus dem Körbchen nehmen. Danach wird das Blatt wieder zwischen den anderen Blättern verteilt. Würfelt ein Kind beim Farbenwürfel Weiß, bedeutet dies: Es beginnt zu schneien. So viele Schneeflocken (Federn) wie Punkte fallen auf unseren Spielwaldboden. Liegen alle 20 Schneeflocken auf dem Waldboden verteilt, wird ein weißes Bettlaken über dem Waldboden ausgebreitet. Das Spiel ist beendet, denn alles ist mit einem weißen Schneeteppich bedeckt.

# 3 Element Erde

## Spüren, formen, backen

### Erde und Matsch

***Die Erde ist die braune Haut des Planeten Erde. Es ist die krümelige Masse, in der Pflanzenwurzeln gedeihen. Der Erdboden kann mehrere Meter dick oder nur wenige Zentimeter dünn sein. Aber nur die obere, 10 bis 30 cm dünne Schicht besteht aus fruchtbarem Humus. Für die Entstehung der verschiedenen Erdarten hat die Natur unendlich lange Zeiträume gebraucht, ein Prozess, der immer noch andauert. In erstaunlicher Vollendung erneuert die Natur im Mischwald ihren Bestand an nährstoffreicher Erde selbstständig aus den Abfällen von Pflanzen und Tieren. Der kostbare Humus wächst ständig nach als Lebensgrundlage für den Wald. Alles, was im Herbst auf die Erde fällt, wird dort mit Hilfe von Tieren, Feuchtigkeit und Wärme zersetzt und ist Ausgangspunkt für neues Leben.***

Mit Erde spielen ist für Kinder nicht immer selbstverständlich. Schon sehr früh haben einige Kinder Hemmschwellen entwickelt, mit klebrig-matschiger Erde an den Händen genussvoll zu spielen. Ermuntern Sie die Kinder, es ruhig einmal zu versuchen. Das Erlebnis und Tastgefühl an den Händen sind anders als die üblichen Sandkastenerfahrungen.

#### Matschwichtel

Matschige Erde lässt sich besonders gut mit den Händen kneten und formen. Wir erzählen den Kindern vom Matschwichtel, der in einer Erdhöhle wohnt und die lustigsten Abenteuer erlebt. Besonders gern reitet er auf Schnecken, wenn er über der Erde einen Ausflug unternimmt. Oder er spielt sehr gern mit den Regenwürmern unter der Erde. Wir formen gemeinsam viele Wichtel aus Matsch.

## Schüttelgläser

Wir benötigen Marmeladengläser mit verschließbarem Deckel und füllen Erde und Sand hinein. Zusätzlich bestücken wir unser Glas mit kleinen Schätzen und Fundstücken, die wir beim Buddeln in der Erde einmal ausgegraben und gesammelt haben: Glitzersteine, eine Glasscherbe, ein Stück Holzkohle, eine kleine Kartoffel, eine Blumenzwiebel, vielleicht eine kleine Spielzeugmaus. Wenn wir unser Glas verschließen und dann schütteln, können wir immer einige unserer Schätze am Glasrand sehen, andere dagegen sind verborgen. Ein lustiges Schüttel-Such-Versteck-Spiel beginnt. *Hinweis:* Die Gläser dürfen nicht bis zum Rand gefüllt werden, damit noch Bewegung im Glas möglich ist.

## Der Schatz im Matsch

Nach sehr regenreichen Herbsttagen finden sich matschige Erdflächen, an denen das Wasser nicht so gut abfließen kann. Diese matschige, durchnässte Erde können wir für unser Matschspiel besonders gut gebrauchen. Es werden zwei Gruppen gebildet. Die Kinder gehen mit kleinen Eimern und Schaufeln Matsch sammeln und füllen ihn in zwei große Schüsseln. In diese Schüsseln lassen wir die gleiche Anzahl an Kastanien, Steinen, Stöcken, Blättern, Kartoffeln, Möhren usw. fallen, die vom Matsch begraben werden. Außerdem fällt in jede Schüssel ein „Schatz“ – z. B. eine Murmel oder ein Glückspfennig zum Ausbuddeln und Finden. Die Kinder staunen über die Verformung der Gegenstände und raten, was sich hinter dem Matsch verbergen könnte. Sie waschen die einzelnen Teile in einem Wassereimer wieder sauber. Haben beide Gruppen auch den „Schatz“ im Matsch gefunden?

## Herbstliche Waldbodentorte

Mit Schaufeln, Tortenhebern, Backblechen, alten Backförmchen oder Tortenformen gehen wir in den Wald. Dort suchen wir lockeren Waldboden und beginnen, ihn zu bearbeiten. Es wird geknetet, geformt, geschichtet. Unsere Backstube ist der Wald. Unser Teig ist die Erde.

- Wir können eine Schichttorte backen: Wer bäckt die höchste Torte?
- Wir backen Streuselkuchen: eine Lage Teig, eine Schicht Früchte und obenauf streuen wir fein zerkleinerte Erdestreusel.
- Wir backen Pizza: Auf einem Backblech bereiten wir einen glatten Erdeteig, darauf verteilen wir eine matschige Lage „Tomatensoße“, bestreuen sie mit schmackhaften Köstlichkeiten sowie einer Schicht „geriebenem Herbstkäse“.
- Wir formen runde Brötchen oder Klößchen mit den Händen.
- Wenn wir kleine Torteletts mit Erde füllen, können wir sie auch mit Laub, Herbstfrüchten, Stöckchen usw. verzieren und sie auf Blättern anrichten.
- Aus Steinen und Rinden bauen wir unseren eigenen Backofen im Wald. Feuerholz finden wir zur Genüge im Wald.

# Malermeister Natur

## Die Farben der Erde

Erdfarben sind wohl die ältesten Farben, mit denen Menschen das Malen begannen. Mit Erdfarben wurden Höhlen gestaltet und sie dienten zur Körperbemalung. Das sinnliche Erleben beim Herstellen der Farben verleiht dem späteren Malvorgang etwas Ursprüngliches. Das Sammeln verschiedenfarbiger Erden sensibilisiert Kinder für die Farbenvielfalt erdiger Naturtöne. Es regt beim Anfassen und Berühren Tastreize der Haut und den Geruchssinn an. Es gibt braune, schwarze, rote und gelbe Erde, je nach Anteil an Sand, Lehm, Ton oder Humus.

### Sinnliche Erde

Lernen wir mit den Kindern die Erde näher kennen. Wir nehmen Erde in unsere Hände, wir ertasten, befühlen und riechen sie. Wonach riecht Erde? Duftet sie oder stinkt sie modrig-muffig? Riecht sie nach Wald oder nach Regenwürmern? Die Kinder werden schnell Vergleiche finden, wie sie den Geruch in ihrer Nase wahrnehmen. Wir lernen die Eigenschaften durch Berührung kennen: sie ist körnig, klumpig, sandig, rissig, kalt, warm, krümelig, klebrig, feucht, trocken, erdig, hart, weich, modrig, muffig, matschig, lehmig, tonig, torfig, schlammig, locker. Wir zerreiben sie zwischen unseren Fingern.

### Gereimtes Erderätsel

Patsch, klatsch, Matsch,
schlump, plump, klump.
Bibber, dibber, glibber.
Ratz, fatz, schmatz.
Wiesel, niesel, riesel,
röckel, höckel, bröckel.
Clown, Faun, braun,
wirsch, Hirsch, knirsch.
Herrlich schmutzig,
das ist lustig!
Was bin ich?

### Erdfarben selbst hergestellt

Mit Tüten gehen die Kinder verschiedenfarbige Erden sammeln. Danach werden sie zum Trocknen auf Zeitungspapier geschüttet und anschließend mit einem Nudelholz zermahlen (am besten in einer Plastiktüte). Wird die zermahlene Erde noch gesiebt, gelangen nur feinste Partikel in eine Auffangschüssel. Diese Erdpartikel bilden die Grundlage für unsere Erdmalfarbe, die nun tropfenweise mit Wasser und dem Finger verrührt wird, bis sie glatt und geschmeidig ist. Mit etwas Farbleim oder Kleister verrührt, lässt sich die Erdmalfarbe gut auf verschiedene Bildträger wie Papier, Pappe, Karton, Stein und Stoff auftragen. Durch den Farbleim oder Kleister sind die Erdpigmente nach dem Trocknen

fixiert. In einem verschließbaren Gefäß sind die Erdfarben länger haltbar und wieder verwendbar. Natürlich lässt sich auch mit grober Erde malen, die nur zermahlen, aber nicht gesiebt wurde.

## Stöcke zu Pinseln

Auch mit Stöcken können wir malen. Dazu zertreten wir die gesammelten Stöcke an einer Seite und fransen die Fasern aus. Wenn wir sie in matschige Erde tauchen, können wir draußen auf Waldwegen und an Bäumen Zeichen und Spuren hinterlassen.

## Herbstfahnen

In Partnerarbeit bemalen Kinder mit Erdmalfarben lange Tapeten, die in zirka 40 bis 50 cm breite Bahnen geschnitten werden. Sie arbeiten mit Fingern, Stöcken und mit Pinseln. Sie malen alles, was ihnen zur Erde einfällt: Was lebt auf und in der Erde, was fällt auf die Erde, was wächst in der Erde? Sind die Fahnen fertig, werden sie über eine Schnur gehängt, die wir kurz unter der Zimmerdecke befestigen, bis sie knapp auf den Boden reichen. Sie wehen dann im Raum bei jedem Luftzug wie Fahnen im Wind. Herbstfahnen mit Erdfarben bemalt (nur mit Wasser, ohne Kleister verrührt) sind ein Naturprodukt. Sie können auch draußen der Natur zurück geschenkt werden, indem wir sie in Bäume hängen und ihr Windspiel beobachten. Wir sind Zeuge ihrer Verwitterung, wenn der Regen die Farben wieder auswäscht und die Erdfarben langsam in die Erde zurückfließen.

## Goldener Oktober

Die Kinder streichen Kleistermotive auf weißes oder buntes Papier: Bäume, Blätter, Häuser, Blumen, Figuren, Tiere. In einer Plastikschüssel haben sie vorher feinen Sand oder sandige Erde mit Hilfe eines Holzlöffels mit gelbem Farbpigmentpulver (im Bastelladen erhältlich) vermischt. Auf den noch feuchten Kleister streuen und schütten sie den gelben Sand. Ist der Kleister getrocknet, lässt sich der überschüssige Sand wieder zurück in die Schüssel schütten und kann für neue Malereien verwendet werden. Mit dem „Goldsand" können auch auf allen anderen Gemälden der Kinder Herbstakzente gesetzt werden.

## Ein Erde-Museum

Aus Kartonstreifen kleben wir einen Bilderrahmen, den wir mit Herbstblättern bekleben. Jedes Kind geht mit seinem Blätterrahmen nach draußen und legt ihn auf Erde, Sand oder Gras. Was kann ich dort in meinem Erdebild alles entdecken: Sand, Gras, kleine Tiere, Steine, Stöcke? Wir können unser Erde-Kunstwerk im Blätterrahmen auch mit Blättern, die wir mit Erdmalfarben bemalt haben, verschönern. Die Kinder dürfen nicht vergessen, ihren Namen auf ein Blatt zu schreiben, damit jeder weiß, wer dieses Kunstwerk gestaltet hat. Wenn alle Kinder ihr schönstes Erde-Kunstwerk ausgesucht und gestaltet haben und viele Blätterrahmen auf der Erde liegen, ist ein Erde-Museum im Freien entstanden.

# Winzige Gesellen im Verborgenen

## Von Baumzwergen und Waldwichteln

Das Rascheln eines Blattes, ein Glitzern unter einem Stein kann uns ins Reich der Zwerge entführen. Wenn Zwerge in Märchen und Erzählungen erscheinen, symbolisieren sie Bewohner unsichtbarer Welten. Sie leben im Verborgenen, ihre Existenz ist nicht zu beweisen. Kinder lieben und erfinden unsichtbare Freunde im alltäglichen Spiel. Zwerge gehören in diese Kinderwelten hinein, sie prägen sich als winzige Männlein mit langen weißen Bärten und Zipfelmützen tief ins Bewusstsein ein. Zwerge heißen überall anders: Wichtel, Kobold, Gnom, Erdmännlein, Heinzelmännchen. Sie sehen aber immer ähnlich aus und werden den Erdenwesen zugeordnet. Sie leben und arbeiten in der Erde und haben meist den Auftrag, Bodenschätze wie Erz, Kohle oder wertvolle Metalle und Edelsteine an die Erdoberfläche zu befördern. Wir sollten unsere Sinne für das Besondere in der Natur, für märchenhafte Geschichten öffnen.

### Märchenhafte Zwergenkisten

Winzige Waldwichtel finden wir in den Märchen der Gebrüder Grimm. Wir stellen mit den Kindern Märchenkisten aus Mandarinenkisten und gesammelten Naturmaterialien zusammen. Dann erzählen wir die passende Geschichte.

Es bieten sich besonders drei Märchen der Brüder Grimm an, um Zwergenszenen im Wald zu bauen: „Schneewittchen mit den sieben Zwergen“ ist bekannt und bei Kindern immer beliebt. Für das Märchen von Schneeweißchen und Rosenrot können wir jene Szene basteln, in der der weiße Wattebart eines grimmigen Zwerges zwischen zwei Ästen eingeklemmt ist. Für das Rumpelstilzchen bauen wir den Märchenausschnitt auf, in dem Rumpelstilzchen um ein Feuer springt. Aus rotem und gelbem Transparentpapier sowie aufgeschichteten Ästen errichten wir ein „Feuer“ im Wald. Die Zwerge gestalten wir aus Tannenzapfen oder aus Rinde, die wir anmalen und mit einem weißen Wattebart bekleben.

### Lebendige Phantasie

Alles was lebt ist, mit Kinderaugen gesehen, beseelt. Kinder lieben das Unsichtbare hinter den Dingen. Man spricht vom „magischen Denken“, bis im Laufe der Grundschulzeit diese Phantasien immer mehr von realistischen Erklärungen abgelöst werden. Bis dahin finden Kinder märchenhafte Erklärungen für alles Neue und Unbekannte. Die Welt erschließt sich dem Kind mit Gefühl und Phantasie. Die Welt der Märchen kommt ihrem Denken und ihren inneren Bildern sehr nahe und so brauchen Kinder Märchen und märchenhafte Figuren, mit denen sie hinaus in die Welt ziehen, das Fürchten lernen, und mit denen sie die Geheimnisse des Lebens ergründen.

## Ein Zwergengedicht

Es steht ein Zwerg am Morgen auf,
streckt seine Arm und Beinchen aus.
Die Zwergenhöhle ist schon hell.
Jetzt an die Arbeit, aber schnell!

Er krabbelt flink durchs feuchte Moos.
Klatsch, hat er eine nasse Hos.
Nun lauscht er mit gespitztem Ohr,
im Blätterberg, da geht was vor.

Ein Zwergenfreund ruft laut und klagt.
Sein Zwergenfuß hat sich verhakt.
Nicht lang gedacht, und schon befreit,
jetzt gehn sie durch den Wald zu zweit.

Ein dritter Zwerg , ojemine,
treibt dort in einem Pfützensee.
Nicht lang gedacht, und schon befreit,
die Hilfe war zum Glück nicht weit.

Ein vierter Zwerg schimpft ungehemmt.
Sein Zwergenbart hat sich verklemmt.
Nicht lang gedacht und schon befreit,
drei Zwerge warn zum Glück nicht weit.

Das kleinste Zwerglein kommt gekrochen,
hat blutig sich die Hand zerstochen.
Nicht lang gedacht,
wird „ei“ gemacht.

Nun gehn fünf Zwerge durch den Wald,
bis plötzlich ruft der Kleinste: „Halt!“
Fünf Moosbecher stehn dort mit Tau gefüllt.
Daran haben sie alle ihren Durst gestillt.

*Regina Bestle-Körfer*

Beim Mitspielen des Zwergengedichts malen wir den Kindern an jeden Finger einen Zwerg oder setzen kleine gebastelte Papierzwerge auf. Verwenden wir wasserlösliche Schminkfarbe, können wir die gesamte Handinnenfläche mit einem weichen Pinsel grün anmalen, denn die Zwerge sitzen in der grünen Wiese. Kinder lieben das kitzelige Gefühl des Pinsels, gleich einer Streichelmassage der Hand.

Das Zwergengedicht kann aber auch als Rollen- oder Bewegungsspiel gespielt werden, während das Gedicht langsam erzählt wird. Zuerst bewegt sich jedes Kind alleine und danach finden sich immer zwei, drei, vier und fünf Kinder, die zusammen durch den Wald gehen.

# Den Herbst ins Haus holen

## Sinnesspiele drinnen

Wenn wir mit den Kindern draußen ausgiebig Herbstschätze gesammelt haben, leeren wir unsere Manteltaschen und Körbchen drinnen aus. Viele dieser herbstlichen Naturmaterialien sind haltbar und lassen sich immer wieder als Spiel- und Erlebnismaterialien einsetzen. Sie müssen zuvor gut getrocknet werden, damit sich kein Schimmel bilden kann. Sie können den Kindern auch für das Freispiel zur Verfügung gestellt werden, wenn sie übersichtlich sortiert in verschiedenen Kartons oder Körben aufbewahrt werden.

### Herbstliche Fühlstraße

Wir stellen mehrere Kartons in einer Reihe hintereinander auf und füllen sie mit jeweils verschiedenen Materialien: mit Moos, Blättern, Kastanien, Eicheln, Rindenstückchen, Erde, Stroh, weichen Zapfen usw. Mit nackten Füßen verschaffen wir uns auf unserer Fühlstraße ein unvergessliches, natürliches Sinneserlebnis. Auch für Eltern eignet sich diese Fühlstraße zum Ausprobieren und Erleben.

### Abenteuer-Parcours für kleine und große Hände

Wir bauen einen Parcours für abenteuerlustige Hände auf einer Holzplatte: dazu errichten wir aus Erde, die wir mit Kleister vermischen, kleine Hügel, belegen sie mit Steinen, Tannennadeln, Blättern, Sand und anderen Materialien. Wir lassen kleine Löcher übrig, in die wir kleine Schalen mit Wasser als Seen stellen können, ziehen Bodenfurchen, legen einen Kreis aus Stöcken, einen Weg aus Mooskissen, stellen einen Tannenzapfenwald zusammen. Wir lassen unserer Phantasie freien Lauf. Ist der Abenteurparcours getrocknet und vollendet, finden sich immer zwei Kinder zusammen. Ein Kind führt die Hand des anderen Kindes sanft über die Landschaft. Am intensivsten ist das Erlebnis an den Händen, wenn wir uns mit geschlossenen Augen führen lassen. Nicht allein das „Begehen“ des fertigen Parcours mit den Händen, sondern auch das Kneten und Formen sind sinnlich.

## Unsere Haut

Die Haut ist das größte Empfindungsorgan des Körpers. Wenn es dunkel ist und wir das Sehen ausschalten, merken wir, wie das Tasten und Fühlen die Arbeit der Augen übernimmt. Der Tastsinn ist auch der erste und für ein Baby wichtigste Sinn, mit dem es alle zärtlichen Berührungen und Wärme aufnimmt. Über die Haut nehmen wir Temperatur und Schmerzen wahr, ein wichtiges Warnsystem des Körpers, das vor Verbrennungen und anderen schweren Verletzungen schützt. Kinder können nur über Berührungserfahrungen ihr eigenes Warnsystem trainieren.

Unter dem Fuß und in den Handflächen spiegeln die Reflexzonen die Landkarte des gesamten Körpers wider. Druck- und Berührungserlebnisse an den Fuß- und Handreflexzonen können auf den gesamten Organismus anregend und ausgleichend wirken. Sie verschaffen dem Körper darüber hinaus wohltuende Entspannung, gleich einer Körpermassage, die die Seele und den Körper entspannt.

## Für kleine Detektive

- Ein Karton ist gefüllt mit den unterschiedlichsten Naturmaterialien, die aber übersichtlich angeordnet sein sollten. Ein Kind darf, ohne dass die anderen Kinder zuschauen, ein Teil aus dem Karton entfernen. Wer errät zuerst, was fehlt?
- Auf einen Tisch legen wir ein Tuch, auf das wir mehrere Naturmaterialien zu einem einfachen Muster verteilen, z. B. Tannenzapfen, Kastanie, Blatt, Stein, Eichel – in Reihe, in Kreisform, oder gegenüberliegend angeordnet. Die Kinder erhalten die Aufgabe, sich alle Teile zu merken, die nach kurzer Einprägzeit mit einem zweiten Tuch verdeckt werden. Nun können die Kinder auf einem benachbarten freien Tuch die gleichen Naturmaterialien zusammenstellen. Erinnert ihr euch an das gleiche Muster?
- Drei Kinder sitzen nebeneinander auf einem Stuhl. Jedes Kind wählt einen Gegenstand aus einem Karton mit Naturmaterialien aus. Die anderen Kinder prägen sich ein, wer welchen Gegenstand ausgewählt hat. Eines der drei Kinder tauscht nun, ohne dass die anderen Kinder es sehen, seinen Gegenstand gegen einen anderen aus dem Karton. Jetzt muss die Gruppe raten, wer etwas anderes in den Händen hält.

## Hand-und Fuß-Tast-Spiele

- Zwei Stoffsäcke werden mit der jeweils gleichen Anzahl von Naturmaterialien gefüllt. Es können sich auch mehrere gleiche Teile in jedem Stoffsack befinden. Die Kinder müssen Paare finden. Dazu greifen sie in den ersten Sack hinein, ohne zu schauen, und raten, was es ist. Dann können sie es anschauen und greifen in den zweiten Beutel, um das gleiche Teil noch einmal zu ertasten und aus dem Beutel zu holen.
- In einem großen Sack mit vielen Kastanien werden z. B. Tannenzapfen, Walnüsse, Eicheln, Bucheckern versteckt. Die Kinder erhalten die Aufgabe, etwas aus dem Sack zu ertasten, das keine Kastanie ist.
- In einem Karton voller Kastanien liegt etwas Weiches. In einem Karton voll Moos liegt ein Pieksball. In einem Karton mit Erde liegt eine Kartoffel. In einem Karton mit Tannenzapfen liegt ein Schwamm usw. Ein Fuß-Tast-Bad der Gegensätze für Groß und Klein.

# Ausgereift

## Die Schätze des Herbstes

*Erde, die uns dies gebracht,*
*Sonne, die es reif gemacht.*
*Liebe Sonne, liebe Erde,*
*euer nie vergessen werde.*
Christian Morgenstern

Herbstzeit ist Erntezeit – die Erde schenkt uns reife Früchte und Gemüse. Einige können wir selbst pflücken oder vom Baum schütteln. Andere werden aus der Erde gehoben. Es sind Schätze der Erde, die wir ernten. Wenn wir sie einkellern, kühl lagern, einkochen und trocknen, machen wir sie haltbar. Die Menschen haben gelernt, die einst kargen Winterzeiten mithilfe solcher Methoden zu überstehen. Es ist schwer, sich dieses Bewusstsein zu erhalten, wenn wir auch im Winter eine üppige Auswahl an Früchten und Gemüsen aus anderen Teilen der Welt kaufen können.

### Mit Kindern schnippeln und schälen

Wir stellen jeden Tag im Herbst einen Korb mit einer heimischen Frucht oder einem Gemüse auf den Tisch. Die Kinder können die Frucht benennen, befühlen und riechen. Gemeinsam schälen, schnippeln und essen wir die Frucht. Sobald Kinder ihr Essen selbst zubereiten dürfen, wenn sie es in den Händen halten und es selbst waschen und schnippeln, macht es auch Spaß, Gesundes zu probieren. Kinder werden selbst Geschnippeltes, Gekochtes und Gebackenes mit Vorfreude auf das Essen, die bei der Zubereitung über den Geruch und die Farbe des Nahrungsmittels entsteht, genießen. Wir spüren diese Vorfreude, wenn uns das „Wasser im Munde zusammenläuft“ und uns auf ein sinnliches Essen vorbereitet. Das Hantieren mit einem Schäl- oder Küchenmesser ist eine wichtige Übung, um die Eigentätigkeit und Selbstsicherheit von Kindern zu fördern.

### Müesli selbstgemacht

Müesli kennen sicher einige Kinder, aber meist sind es die Müesli-Mischungen, die man kaufen kann.

Wir wollen mit Kindern ein Müesli herstellen, von dem wir jede einzelne Zutat auf ihren Ursprungszustand zurückverfolgen können. Dazu gehört es, den Hafer zunächst als Korn zu betrachten, sich eine Flockenmaschine (im Bioladen) auszuleihen und selbst Haferflocken herzustellen. Wir ernten Sonnenblumenkerne aus einer verblühten Sonnenblume, öffnen die Schalen mit den Fingern, freuen uns auf die schmackhaften Samen. Einige Kerne halten wir zurück, um sie mit den Vögeln im Winter zu teilen. Es werden Nüsse geknackt, die auch in ein Müesli gehören. Wir waschen frisches Obst, schälen und schnippeln es. So stellt sich jedes Kind sein eigenes schmackhaftes Müesli zusammen.

## Mitmach-Frühstück

Ein regelmäßiges Mitmach-Frühstück mit Kindern kann eine Antwort auf schlechte Essgewohnheiten sein. Kinder lieben es, Brot und Brötchen zu backen, Hefeteig zu kneten und zu formen. Sie lieben den himmlischen Backstubengeruch während des Backens und die freudige Erwartung auf das Backergebnis. Stellen Sie mit den Kindern für ihr Mitmach-Frühstück Teller mit geschnippelter Rohkost (Möhren, Gurken, Paprika, Kohlrabi usw.), geschnippeltem Obst (Äpfel, Birnen, Mandarinen, Trauben, Bananen usw.) sowie Käsewürfeln mit Mandarinen und Wurstscheiben bereit. Dazu Schüsseln mit Haferflocken, Sonnenblumenkernen, Rosinen und Nüssen. Die gemeinsame Zubereitung, der reich gedeckte Tisch, die gemeinsame Essenssituation, die vielfältigen Auswahlmöglichkeiten für jedes Kind machen das Mitmach-Frühstück zu einem sinnlichen Erlebnis. Die Lust, Neues in Gemeinschaft zu probieren, wird geweckt.

## Wochenmarkt

Auf dem Wochenmarkt können wir sehen, riechen und schmecken, welche Schätze die Erde zu jeder Jahreszeit hervorbringt. Im September füllen wir unsere Einkaufskörbe mit Karotten, Mais, Kürbis, Roten Beeten, Pilzen, Maronen. Es gibt Brombeeren, Heidelbeeren, Holunder, aber auch Äpfel, Birnen und Quitten zu kaufen. Im Oktober werden bereits die ersten Wintergemüse, wie Weißkohl, Rotkohl, Sellerie, Lauch, Karotten und Rote Beete angeboten. Im November können wir Rosenkohl, Chicorée, Schwarzwurzeln, Sellerie, Lauch, Rot- und Weißkohl sowie Karotten aus heimischem Anbau kaufen. Wenn wir mit den Kindern einen bäuerlichen Wochenmarkt oder direkt einen Bauernhof mit Verkauf besuchen, lernen wir heimisches Gemüse kennen.

## Fallobst-Spiel

Es werden zwei gleich große Kindergruppen gebildet. Die Kinder einer Mannschaft sind Äpfel, die anderen Birnen. Beide Gruppen stehen sich gegenüber. Wir stellen uns vor, dass alle Äpfel und Birnen zu Beginn des Spiels am Baum hängen. Das stellen die Kinder dar, indem sie stehen. In der Mitte befindet sich ein großer Schaumstoffwürfel. Abwechselnd wird gewürfelt. Fällt die Zahl Sechs, plumpst ein Apfelkind vom Baum, das Kind lässt sich auf den Boden fallen. Würfelt ein Kind eine Eins, fällt eine Birne herunter, das Birnenkind lässt sich auf den Boden plumpsen. Würfelt ein Apfelkind eine Eins und ein Birnenkind eine Sechs, darf sich jeweils ein Kind aus der anderen Gruppe auf den Boden fallen lassen. Die Gruppe, deren Fallobst zuerst komplett auf dem Boden liegt, hat gewonnen.

# Raffiniert verpackt

## Samen und Früchte

Die Natur ist ein Verpackungskünstler. Im Herbst, wenn Früchte und Samen reif sind und zu Boden fallen, begegnen wir einer Fülle von raffiniert eingepackten Samen und Früchten. Viele der Früchte öffnen sich schon beim Fallen und geben ihren Samen frei. Die Samen gelangen ins Erdreich oder werden vom Wind an einen weit entfernten Ort getragen. Dort beginnen sie zu keimen (z. B. Tannenzapfen, Erlenzapfen). Andere Früchte, wie Eicheln, Kastanien, Bucheckern oder Nüsse, werden von Vögeln und Kleinsäugetieren gesammelt und als Wintervorrat vergraben. Zum Glück erinnern sich die Tiere nicht an all ihre Verstecke, sodass die Früchte im Verborgenen keimen können und neue Pflanzen aus ihnen entstehen. Beeren, wie Holunder, Sanddorn oder Hagebutten, werden von den Vögeln gefressen. Die Beeren der Wildsträucher ziehen viele Vogelarten an. So lockt die Vogelbeere 63 Vogelarten, der rote Holunder 48, Weißdorn 32 und Pfaffenhütchen 24 Arten an. Die in den Beeren enthaltenen unverdaulichen Samen gelangen mit dem Kot der Tiere wieder ins Erdreich.

### Früchtesammelsurium

Mit Körben und Beuteln gehen wir hinaus und sammeln Früchte und Samen. Einige sind noch in ihrer Hülle oder Schale verborgen, andere schon aufgeplatzt und lose. Wir sammeln alle auf. Auf einer Wiese oder einem anderen schönen Platz schütten wir alle Früchte aus. Welche kennen wir? Wo sind die Samen versteckt? Wir ordnen und sortieren unser Früchtesammelsurium.

Die Früchte von Buche, Kastanie, Esskastanie und Baumhasel sind in einer pieksigen Schale verborgen, die mit weichen oder harten Stacheln besetzt ist. Mit einer Lupe schauen wir uns die Stacheln genauer an und befühlen sie behutsam. Dann öffnen wir vorsichtig die Hülle, lösen die Frucht heraus, betrachten, beschnuppern und befühlen sie. Wir werden staunen, wie glatt sie ist, wie sie schimmert und glänzt. Wir knacken die harte Schale und wer mag, kann kosten, was die Natur so aufwändig und raffiniert eingepackt hat.

### Es ist angerichtet: Futtergirlanden

Vögel und kleine Säugetiere finden im Herbst ein wahres Schlaraffenland an Nahrung. So präsentiert etwa die Sonnenblume ihre Kerne wie auf einem Tablett, an dem sich die Vögel nur noch bedienen müssen. Beeren von Sanddorn, Eberesche und

Hagebutten leuchten rot und einladend und warten nur darauf geerntet zu werden. Aus dem reichhaltigen Angebot wählen wir  Hagebutten, Bucheckern, Sonnenblumen-, Walnuss- und Haselnusskerne. Wir fädeln sie mit einer Nadel zu langen Ketten auf. Wenn der Frost kommt und es für die Tiere immer schwieriger wird, draußen Futter zu finden, hängen wir unsere Futtergirlanden zwischen Bäumen und Sträuchern auf.

## Schalenabdrücke

Mit den stacheligen Schalen der verschiedenen Früchte, mit Zapfen, Eicheln, Nüssen und Kastanien lassen sich in erdfarbenem Ton schöne Muster und Abdrücke herstellen. Dazu wird der Ton zu etwa 5 cm dicken Platten ausgerollt. Darauf drücken wir Schalen und Früchte und ziehen sie dann vorsichtig wieder heraus. Zum Verzieren bohren wir an den unteren Rand der Platte mehrere Löcher. In diese Löcher können wir später Girlanden aus sehr feinem Blumendraht und den verwendeten Früchten und Schalen fädeln. Die Tonplatten müssen nicht gebrannt werden, da wir sie nur als Schmuckgegenstand verwenden.

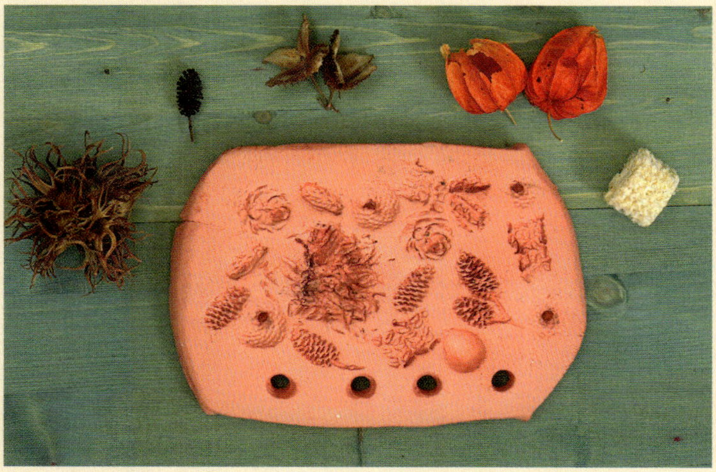

## Fruchtiges Getöse

Wir lassen Früchte mit und ohne Schale aus unterschiedlicher Höhe auf den Boden, in Schüsseln und Wannen aus Plastik, Metall, Holz oder Glas fallen. Wir lauschen den Tönen, die entstehen: laute und leise, unangenehme und sanfte. Welche Töne passen gut zusammen? Was ist unsere persönliche Lieblingsmusik? Könnt ihr euch vorstellen, wie es klingen müsste, wenn alle Samen und Früchte, die im Herbst reif werden, gleichzeitig zu Boden fallen würden?

## Hamstern

In einem vorher abgesprochenen Spielfeld verbergen sich viele verschiedene Herbstfrüchte. Auf ein Startsignal laufen zwei Kinder gemeinsam los und versuchen, innerhalb von zwei Minuten möglichst viele Früchte in einem Körbchen als Wintervorrat zu hamstern.

## Früchte-Slalom-Transport

Für dieses Spiel benötigen wir zwei Astgabeln und zwei große Blätter, dazu viele Kastanienschalen und Tannenzapfen. Die Tannenzapfen legen wir auf den Boden, sie sind unsere Slalom-Tore. Gespielt wird in zwei Mannschaften. Auf ein Kommando werden die Kastanienhülle oder ein Tannenzapfen auf die Astgabel gelegt und über den Slalom-Parcours zu einer vereinbarten Wendemarke und wieder zurück getragen. In einer zweiten Runde spielen immer zwei Kinder gemeinsam. Sie nehmen das große Blatt wie ein Tablett in die Hände, legen die Kastanienschale darauf und balancieren diese gemeinsam über den Parcours.

# Aus vielen Körnern herausgepickt

## Weizen und Mais

### Korn-Spürnasen

Wir überlegen und tragen zusammen, in welchen Lebensmitteln Getreide enthalten ist. Jedes Kind bringt von zu Hause ein solches Lebensmittel mit: Brot, Brötchen, Kekse, Reiswaffeln, Müesli oder Corn-Flakes, die wir kosten. Schmecken wir das Getreide? Oder schmecken wir andere Stoffe wie Zucker und Aromen? Was mundet uns am besten?

### Körner ernten

Vielleicht gibt es ja einen Bauern in der Nähe, auf dessen Kornfeldern wir ein paar Bündel Getreide abschneiden oder bei dem wir nach der Ernte Ähren vom Feld auflesen dürfen. Ist das nicht möglich, können wir auch Weizensträuße aus dem Gartencenter besorgen, die dort oft zu Dekorationszwecken angeboten werden. Zuerst dreschen wir, um die Körner aus den Ähren herausholen. Dazu schlagen wir die Weizenbündel auf den Boden oder auf den Tisch und beobachten, wie die Körner heraus purzeln. Danach trennen wir die Spreu vom Weizen. Wir pusten vorsichtig über die herausgeschlagenen Körner, die Spreu fliegt weg. Wie viele Körner liegen nun vor uns? Wozu könnten wir sie verarbeiten? Wir lassen die Körner durch die Hände rieseln, spüren wie klein und fest sie sind. Wir schnuppern an einer Hand voll Korn. Wir probieren, wie ein Weizenkorn schmeckt.

### Vom Korn zum Brot

Wir mahlen die Körner in einer Handmühle. Jedes Kind darf durch kräftiges Drehen dazu beitragen, dass unser Mehlberg wächst.
Aus dem Mehl backen wir leckere Knäckebrot-Ecken. Dafür benötigen wir: 2 kg Weizenvollkornmehl, 240 g Sesam, gut 250 ml Sonnenblumenöl, 800 ml lauwarmes Wasser und 8 Teelöffel Salz. Alle Zutaten vermischen und kneten wir zu einem elastischen Teig und rollen ihn dann auf etwas Mehl sehr dünn aus. Mit einem Messer schneiden wir den Teig in kleine Vierecke und teilen diese dann noch einmal. Im Backofen bäckt unser Knäckebrot bei 220 Grad zirka 15 bis 20 Minuten. Nach dem Abkühlen füllen wir die Ecken in eine verschließbare Blechdose. So bleiben sie schön knusprig.

### Körner-Wärme-Säckchen

Körner sind gute Wärmespeicher. Wenn wir krank sind, kalte Füße oder Bauchschmerzen haben, kann uns ein Körnersäckchen angenehme Wärme schenken. Dazu füllen wir einen Waschlappen mit zwei Hand voll Weizen- oder Dinkelkörnern und binden ihn mit einer Kordel oder einem Schleifenband fest zu. Zum Aufheizen der Körner legen wir die Säckchen für zirka zehn Minuten in den 150 bis 175 Grad heißen Backofen oder in die Mikrowelle (bei voller Leistung etwa zwei Minuten) und genießen anschließend die wohlige Wärme.

## Ein Bett aus Stroh

Im Stroh zu liegen oder zu schlafen, dies war für die Menschen früher Alltag und nichts Außergewöhnliches. Wir bauen uns draußen aus Strohballen ein Bett oder eine Traumwiese. Strohballen können wir bei einem Bauern in der Nähe besorgen. Sie lassen sich zu unterschiedlichen Zwecken wieder verwenden: als Sitzgelegenheit, zum Bauen, zum Dekorieren.

Alte Kissen- und Bettbezüge füllen wir mit losem Stroh. Wir decken uns zu, kuscheln uns ein und spüren die Wärme, die das Stroh uns gibt. Wir merken aber auch, wie es piekst und sticht. Wir nehmen den Geruch des Strohs mit unserer Nase wahr. Und dann verwandeln wir uns in Tiere, die sich im Stroh ein Lager bauen: Pferde, Kühe, Schafe, Ziegen, Schweine, Hühner oder Gänse.

## Mais: verborgene Schönheit

Hinter vielen übereinander gelagerten, fast papierartigen Hüllen verbirgt sich die eigentliche Frucht der Maispflanze: der Maiskolben. In vielen Regionen Deutschlands wird Futtermais angebaut. Vielleicht finden Sie einen Bauern in ihrer Nähe, bei dem Sie einige Maiskolben ernten dürfen. Ansonsten werden im Herbst auch in den Geschäften Gemüsemaiskolben angeboten. Wir nehmen den Maiskolben in die Hand und schauen uns genau an, wie sorgfältig die Natur sein Innerstes schützt und verbirgt.

Vorsichtig lösen wir Blatt für Blatt der Hülle, das sogenannte Maisstroh, bis der Maiskolben vor uns liegt. Dicht gedrängt stecken die kleinen gelben Maiskörner darin. Auch die Körner lösen wir vom

Kolben und betrachten und befühlen die kleinen „Kästchen". Vom Gemüsemais können wir die Körner sofort probieren oder mit etwas Wasser und Salz in einem Topf dünsten. Maiskörner lassen sich zu Maismehl vermahlen und dann zu Brot oder Pfannekuchen verarbeiten.

## Mais-Kolben-Druck

Nachdem wir die Körner vom Maiskolben gelöst haben, versuchen wir mit dem „Abfall" zu drucken. Dazu streichen wir Finger- oder Cromarfarbe auf eine Glasplatte, schützen unsere Hände mit Gummihandschuhen und rollen dann das holzige Innere des Maiskolbens wie eine Walze über die Farbe. Mit dieser „Walze" hinterlassen wir auf bereitliegendem Papier oder Karton bunte Muster und Spuren. Der Maiskolben lässt sich auch in kleinere Stücke oder Scheiben schneiden, mit denen gedruckt werden kann.

# Süße saftige Früchtchen

## Trauben

*Blaue Trauben, grüne Trauben*
*sind so dick und rund.*
*Platzen wie ein Knallbonbon*
*süß in meinem Mund.*
Annemarie Stollenwerk

### Kost-Bar

Weintrauben sind bei Kindern sehr beliebt. Sie schmecken süß und saftig und werden gern auch einmal zwischendurch genascht. Wir kaufen verschiedene Sorten Trauben ein und probieren sie: große und kleine, kernlose und solche mit Kernen, blaue und grüne. Welche ist unsere Lieblingstraube? Wir pressen blaue und grüne Trauben zu Saft. Dazu können wir die Trauben in einer Schüssel mit einem Kartoffelstampfer ausdrücken und mit einem feinen Sieb Schalen und Kerne vom Saft trennen. Zunächst kosten wir den Saft mit offenen Augen. Schmecken weißer und blauer Traubensaft unterschiedlich? Anschließend versuchen wir mit verbundenen Augen herauszufinden, welches der blaue und welches der weiße Saft ist.

### Färben und Malen mit Traubensaft

Die ausgedrückten Schalen der blauen Trauben können wir gut zum Malen und Drucken verwenden. Wir legen weißes Papier oder weiße Postkarten bereit, tauchen Wattestäbchen oder kleine Wattebäusche in die Schüssel und drucken, tupfen oder wischen mit dem Saft, der sich noch in den Schalen befindet, über das Papier. So lassen wir Muster und Phantasiebilder entstehen.

### Traubensaft-Gelee

Aus weißem oder blauem Traubensaft kochen wir leckeres Gelee. Dazu benötigen wir: einen Liter Traubensaft (selbst gepresst oder aus der Flasche), 1 kg Gelierzucker und den Saft einer Zitrone. In einem Topf verrühren wir den Saft mit dem Zucker und lassen die Flüssigkeit aufkochen. Vier Minuten lassen wir den Saft sprudelnd kochen, nehmen den Topf vom Herd und geben den Zitronensaft hinzu. Alles lassen wir nochmals kurz aufkochen und füllen das Gelee in Schraubgläser. Zum Auskühlen stellen wir die verschlossenen Gläser auf den Kopf.

### Trauben-Lese

Aus blauer oder grüner Märchenwolle rollen wir kleine Kugeln, die unsere Trauben darstellen sollen. Auf einem rauen Stück Jute oder Rupfen bilden wir mit echten oder gemalten und ausgeschnittenen Weinblättern und Stöckchen mehrere Rebstöcke nach, an denen wir unsere gerollten Trauben befestigen. Auf dem rauen Untergrund haftet die Märchenwolle von alleine. Aus Tonpapier schneiden wir freche Spatzen aus und legen sie zusammen mit einem Bogen Papier, auf den wir einen Rebzweig gemalt haben, neben das Spielfeld. Dann würfeln wir reihum mit einem Farbenwürfel. Bei Blau dürfen wir eine Traube ernten und in einen bereitgestellten Korb legen. Bei Gelb ist die Sonne auf unserer Seite und wir können zwei Trauben ernten. Bei Rot kommen freche Spatzen und picken die Trauben von den Reben. Sitzen alle Spatzen auf den Reben, haben wir verloren. Sind sämtliche Trauben abgeerntet, haben wir gewonnen.

## Schrumpelige Weintrauben: Rosinen

Rosinen kennt und mag fast jedes Kind. Wir legen kernlose Weintrauben und Rosinen nebeneinander und vergleichen sie. Wie sehen sie aus? Gibt es im Geschmack einen Unterschied? Wir weichen Rosinen eine Stunde in lauwarmem Wasser ein und schauen, wie sie sich verändern. Was passiert mit ihnen? Wie schmecken sie jetzt? Wie schmeckt das Wasser, in dem sie gelegen haben?

## Prinz Traubenblau und Prinzessin Traubengrün geben sich die Ehre

Zur Zeit der Traubenlese wird in vielen Weinbauregionen eine Weinkönigin gewählt. Wir wählen aus den Reihen der Kinder Prinz Traubenblau und Prinzessin Traubengrün aus. Alle Kinder, die Freude daran haben, dürfen für einen Tag Prinz oder Prinzessin sein und ihre Untertanen um sich scharen. Echte Königskinder benötigen ein festliches Kleid, das wir aus grünem und blauem Krepppapier oder aus Stoffresten schnell gestaltet haben. Für die Krone schließen wir ein Stück Blumendraht zu einem Ring und umwickeln ihn mit Weinlaub oder mit Efeuranken. Trauben entstehen aus gerollter Märchenwolle oder Krepp- und Seidenpapier, das wir zu Kugeln zusammenknüllen.

Wichtigstes Utensil werden besondere Stühle, auf denen Prinz und Prinzessin Platz nehmen. Aus nicht mehr benötigten alten Kindergartenstühlen basteln wir einen Thron. Mit Zeitungen und Kleister bekleben wir die Stühle in mehreren Lagen und modellieren aus dem feuchten Pappmaschee geschwungene Stuhlbeine oder Armlehnen. In die noch feuchte Papiermasse können auch Glasnuggets als „Edelsteine", Weinlaub und anderer passender Schmuck eingearbeitet werden. Ist alles getrocknet, werden die Stühle bemalt, mit Goldfarbe betupft und

mit Sprühlack lackiert. Die Kinder überlegen nun, wie sie Prinz Traubenblau und Prinzessin Traubengrün bedienen und verwöhnen können. So können sie zum Beispiel eine Frühstückstafel decken, Traubensaft einschenken, Ketten aus aufgefädelten Trauben überreichen, ein Lied vorspielen oder singen, tanzen und vorlesen.

*Material für den Thron:* Alte, nicht mehr benötigte Kinderstühle, Zeitung, Kleister, Dekorationsmaterial wie Glassteine, Weinlaub, Perlen etc., Farbe, Sprühlack

# Schütteln, knacken, klappern

## Nüsse

### Ging ein Weiblein Nüsse schütteln

### Nussschalen-Schellenband

Durch die Nussschalenhälften bohren wir ein kleines Loch. Jetzt können die Kinder sie mit Nadel und Faden auffädeln. Es entsteht ein Nussinstrument, mit dem wir unsere Lieder begleiten, oder mit dem wir Hörspiele erfinden können.

### Nusstrommel

Die Nusstrommel ist ein altes, einfaches Musikinstrument. Dazu benötigen wir für jedes Kind eine halbe Walnussschale, einen Haushaltsgummi und ein Streichholz. Wir umwickeln die halbe Walnussschale mehrmals fest mit dem Haushaltsgummi. Dazwischen stecken wir ein Streichholz, das mit einem Ende auf dem Walnussrand aufliegt. Durch Zupfen des überstehenden Zündholzendes prallt das Hölzchen an die Schalenwand und erzeugt Trommeltöne. Mit der Nusstrommel können wir unsere gesungenen Lieder begleiten.

## Hörspiele mit der Nusstrommel

Ein Nusstrommel-Orchester sitzt irgendwo im Raum und spielt ein Lied. Ein Kind wird mit verbundenen Augen in den Raum hineingeführt und versucht dorthin zu krabbeln, wo es die Trommelmusik hört. *Partnerspiel:* Ein Kind hat die Augen verbunden, ein anderes Kind geht mit der Nusstrommel langsam vor dem Kind her. Das „blinde" Kind versucht dem Trommelgeräusch zu folgen.

## Die verhexte Nuss

Auf einem Teller in der Tischmitte liegen zehn Hasel- oder Walnüsse. Mehrere Kinder sitzen um den Tisch herum. Ein Kind dreht sich weg oder hält sich die Augen zu. Nun darf ein anderes Kind eine Nuss durch Berührung mit der Fingerspitze „verhexen". Das Kind dreht sich wieder in Richtung Tischmitte und nimmt langsam eine Nuss nach der anderen vom Teller. Versucht es die „verhexte Nuss" zu ergreifen, rufen alle Kinder laut: „Hexennuss!", und es darf keine weitere Nuss vom Teller genommen werden. Dann wird der Teller erneut auf zehn Nüsse aufgefüllt. Wieder wird eine Nuss „verhext". Wer zuerst zehn Nüsse ergattern konnte, ist Nusskönig.

### Rätsel

Wie wohl sie sich drin fühlt,
wie sicher sie drin schläft.
Die kleine braune Runde,
die wartet auf die Stunde,
wo es knackt und kracht,
bis sie wird entdeckt
und allen kernig schmeckt.

*Die Nuss*

## Nuss-Staffel-Lauf

Es werden mehrere Mannschaften gebildet, die verschiedene Aufgaben lösen müssen, um den Nuss-Staffel-Lauf zu gewinnen.

- Zuerst wird jeweils eine Nuss pro Gruppe auf einem Löffel balanciert. Es gibt eine Startlinie, hinter der sich jede Gruppe in einer Reihe aufstellt. Nach dem Startzeichen beginnt der Nuss-Balancier-Lauf, nacheinander für jedes Kind.
- Als zweite Aufgabe wird die Nuss mit einem Stock um einen Flaschenparcours geschoben.
- Danach wird die Nuss aus einer bestimmten Entfernung in einen Eimer geworfen.
- Größere Kinder können auf einem Bein hüpfend die Nuss mit dem freien Fuß vorwärts bewegen.
- Den Kindern kann eine Nuss auf den Rücken gelegt werden, die auf allen Vieren um einen Flaschenparcours balanciert werden muss.

Wer zuerst alle Aufgaben erfüllt hat, ist Sieger.

## Poetisches Wunschspiel

Für dieses Geburtstags-Wunschspiel benötigen wir eine Schüssel mit Wasser, ein gebasteltes Nussschiffchen und viele gemalte Wunschsymbole, die wir an den Schüsselrand heften. Dies können gemalte Herzen, Glückskäfer, eine Blume, ein Schornsteinfeger oder ein Glücksschweinchen als Glücksbringer sein. Größere Kinder formulieren vielleicht einen poetischen Wunsch: „Ich wünsche dir ein Meeresrauschen", „Ich wünsche dir einen Sonnenstrahl", „Ich wünsche dir eine bunte Blumenwiese". Jedes Kind darf das Nussschiffchen in der Schüssel auf die Reise schicken. Dort, wo das Nussschiffchen hinschwimmt, darf das wünschende Kind den Zettel abnehmen und ihn dem Geburtstagskind überreichen.

# Knollen aus dem Sack

## Kartoffeln

### Die Kartoffelgeschichte von Knolli, Kurti und Klausi

In Braunsbüttel, einer Stadt im hohen Norden, gibt es einen Kartoffelacker. Dort lebten Knolli, Kurti und Klausi, drei lustige Kartoffelgeschwister, den Sommer über in ihrer gemütlichen Erdenhöhle. Anfangs sahen sich alle drei sehr ähnlich. Wie kleine runde, braune Kartoffelbabys lagen sie still nebeneinander in der Erde. Sie freuten sich über die Sonne, die ihre Erdenhöhle wärmte, und ab und zu über einen erfrischenden Regenschauer, um ihren Durst zu stillen. Sie hatten viel Zeit zum Wachsen. Doch jetzt waren sie keine Kartoffelbabys mehr, sondern beinahe erwachsene knuffige Knollenkerle geworden.

Knolli hatte ein langes Gesicht bekommen mit einer drolligen Warzennase. Kurti war rund wie ein Ball mit zwei winzigen Hörnchen auf der Stirn und wurde von seinen Freunden auch „kleiner Stier" genannt. Klausi war der lustigste unter ihnen. Er war von oben bis unten mit Knubbeln übersät und hieß deshalb meistens „Knubbel". Dort unten in der Erde hatten sie einigen Spaß miteinander. Je älter sie wurden, umso wilder wurden ihre Spiele. Besonders gern spielten sie Regenwürmerwettrennen. Und das ging so: Sie sattelten jeder ihren eigenen Regenwurm, stellten sich nebeneinander auf und dann gruben sie im Regenwurmgalopp den Acker um. Dieses Spiel gefiel sogar dem Bauern Hansen, dem der Acker gehörte, weil so die Erde schön locker blieb und die Kartoffeln immer viel frische Luft zum Wachsen bekamen.

Auch Kartoffelkäferjagd war bei Knolli, Kurti und Klausi sehr beliebt. Kartoffelkäfer zählten nämlich zu den nicht gern gesehenen Gästen auf dem Kartoffelfeld, weil sie ständig das grüne Blätterdach des Kartoffelhauses auffressen wollten. Das gefiel weder den Kartoffeln, noch dem Bauern Hansen. Und so hatten Knolli, Kurti und Klausi die Erlaubnis auf Kartoffelkäferjagd zu gehen, sobald ein

Kartoffelkäfer gesichtet wurde. Und das machten sie so: Sie zogen ihre Kartoffelpolizeijacke mit dem Stern an, dazu die Kartoffelpolizeikappe, und in ihren Gürtel steckten sie eine Rebhuhnfeder, mit der sie jeden Kartoffelkäfer so sehr kitzelten, bis er freiwillig auf schnellen Käferfüßen ihren Acker in Braunsbüttel auf Nimmerwiedersehen verließ.
Eines Tages, an einem nebligen Herbstmorgen, als es in der Erde schon recht kühl und ungemütlich geworden war, kam der Bauer Hansen mit seiner Erntemaschine auf den Kartoffelacker gefahren. Er sprang von seinem Traktor, klatschte laut in die Hände und rief: „Meine lieben Kartoffelkinder. Jetzt ist der Tag gekommen, eure Sommerbehausung zu verlassen und ein neues Haus für den kalten Winter zu finden. Ich werde euch jetzt ernten und dafür sorgen, dass ihr eine gemütliche Kartoffelkiste findet." So geschah es auch. Der Bauer Hansen hob mit seiner Kartoffelerntemaschine alle Kartoffeln vorsichtig aus der Erde, schrubbte ihre erdige Kartoffelhaut ein wenig sauber und brachte sie auf den Markt in Braunsbüttel zum Verkauf. Knolli, Kurti und Klausi hatten nur einen Wunsch: sie wollten zusammen bleiben und auch im Winter gemeinsam wilde Spiele spielen. Weil sie alle drei so drollig aussahen, wurden sie auf dem Markt in Braunsbüttel eines Tages von einer Mutter gekauft, die sie gern ihren Kindern zeigen wollte. Die Kinder lachten über Knollis drollige Warzennase, über Kurtis witzige Hörnchen und über Klausis Knubbel. Sie bastelten für Knolli eine glitzernde goldene Krone. Für Kurti nähten sie einen schwarzen Teufelsumhang mit einem Dreizack und Klausi bastelten sie eine Kasperlemütze. Das wurde ein lustiges Kartoffel-Kasperl-Theater mit Knolli, Kurti und Klausi in den Hauptrollen und viele Kinder kamen in das Haus in Braunsbüttel, um die neuesten Kartoffel-Kasperl-Abenteuer zu erleben.

*Regina Bestle-Körfer*

## Kartoffel-Gabeltheater

Wir suchen aus einem Kartoffelsack Kartoffeln heraus, die besonders lustig und eigentümlich aussehen, und verkleiden diese Kartoffeln als Kasperlfiguren: wir basteln Hüte, Umhänge, Mützen usw. Wenn wir sie auf Gabeln stecken, können wir mit ihnen eine Kasperlgeschichte spielen. Wir bauen dazu eine Bühne aus zwei Stühlen, über die wir eine Decke legen, und schon kann unser Theater beginnen.

## Kasperl-Theater von der gemeinen Bratpfanne

*Die Requisiten:*

Für dieses Kartoffel-Kasperl-Theater benötigen wir vier Kartoffeln. Eine Kartoffel bekommt eine Kasperlemütze und ein lustiges Gesicht aufgeklebt. Zwei Kartoffeln erhalten eine Krone und einen glitzernden Umhang – König und Königin. Der Königin kleben wir noch Wollfäden als Haare an den Kartoffelkopf. Die vierte Kartoffel wird als Teufel verkleidet, mit schwarzem Umhang, roten Teufelshörnchen und einem roten Dreizack. Zusätzlich benötigen wir noch eine kleine Schubkarre oder einen kleinen Eimer, einen kleinen Strauch aus zusammengeklebten Blättern, eine kleine Bratpfanne, geschälte Babykartoffeln sowie kleine ungeschälte Kartoffeln. Die Kartoffeln werden zum Spielen auf lange Gabeln gesteckt.

**1. Szene:** Kartoffelkasperl und Kartoffelkönig stehen auf der Bühne.
*(Hinter einem Busch versteckt, lauert der Teufel und lauscht dem Gespräch.)*

**Kasperl:** Hallo Kinder, hallo König! Wie geht es euch?

**König:** Hallo, lieber Kasperl, mir geht es gut, aber wenn du mir versprichst mir zu helfen, geht es mir noch viel besser.

**Kasperl:** Was gibts König? Ich helfe immer gerne.

**König:** Das Gold der Erde muss vom Acker ins Schloss getragen werden. Unsere Vorräte sind aufgebraucht. Die Königin ist schon ganz ungeduldig. Sie möchte das Gold der Erde endlich wieder im Schlosskeller liegen haben!

**Kasperl:** Nichts leichter als das. Ich besorge mir eine Schubkarre und werde gleich beginnen.

**König:** Du bist ein wahrer Freund, Kasperl. Wenn du bis morgen Mittag um 12 Uhr fertig bist, laden wir dich ins Schloss zu einem leckeren Mittagsmahl ein. Die Königin wird hoch erfreut über deinen Besuch sein.

**Kasperl:** Das werde ich mir nicht entgehen lassen. Bis morgen Mittag um 12 Uhr, lieber König.

**2. Szene:** Der Kartoffelteufel erscheint auf der Bühne.

**Teufel:** Habt ihr gehört, Kinder? Der Kasperl wird gleich Gold aus dem Acker graben und ich werde ihm dabei helfen. Der König wird sich wundern, wie schnell wir fertig sind, ha, ha, ha!

**3. Szene:** Der Kartoffelkasperl hat ein paar braune Kartoffeln in der Schubkarre, der Kartoffelteufel erscheint.

**Kasperl:** Uff, gleich habe ich es geschafft. Nur noch eine Schubkarre voll zum Schloss schieben, ab in den Schlosskeller damit und ...

**Teufel:** Her mit dem Gold, Kasperl, oder mein Dreizack wird dich ein wenig kitzeln!

**Kasperl:***(lacht und gibt dem Teufel drei Kartoffeln)* Hier hast du drei Kartoffeln, jetzt verschwinde, ich habs eilig. Ich muss zum Schloss. Dort erwarten mich

der König und die Königin mit einem leckeren Mittagsmahl. Aus dem Weg Teufel, Königinnen lässt man nicht warten!

**Teufel:** *(ruft wütend)* Das ist doch kein Gold, das sind drei dreckige braune Kartoffeln! Was soll ich denn damit anfangen?

**Kasperl:** Ich verrate dir ein Geheimnis, du darfst es aber niemandem weitererzählen.
*(Kasperl flüstert dem Teufel etwas ins Ohr; der Teufel verschwindet mit den drei Kartoffeln.)*

**4. Szene:** Der Kartoffelteufel steht mit einer Bratpfanne in seiner Teufelsküche.

**Teufel:** Jetzt stehe ich hier und warte auf die große goldige Verwandlung und nichts passiert. Wenn das kein Trick vom Kasperl war. *(Er stößt plötzlich einen Schrei aus.)*
So eine gemeine Bratpfanne! Du sollst Gold aus meinen Kartoffeln machen und was ist das? Bratkartoffeln! *(Er schreit immer lauter.)* Betrug! Man hat mich betrogen! Dem Kasper werde ich es heimzahlen!

**5. Szene:** Kasperl, König und Königin sitzen am Mittagstisch und essen; plötzlich stürzt der Teufel herein.

**Teufel:** *(Er wirft die Bratkartoffeln dem Kasperl vor die Füße und schreit)* Wo ist das Gold? Es gehört mir! Her damit!

**Kasperl, König und Königin:** *(sagen aus einem Munde)* Wir essen es gerade, köstlich mmmh ...

**Kasperl:** *(klärt den Irrtum auf)* Du dummer Teufel, wusstest du nicht, dass Kartoffeln auch das Gold der Erde genannt werden, weil sie so lecker und so gesund sind? Du solltest sie auch öfter essen, das würde dir gut tun!
*(Der Teufel macht sich voller Wut über die Kartoffeln in der Bratpfanne her und verlässt heulend und jammernd die Bühne.)*

**Teufel:** Ich hab so Bauchweh, ich brauch sofort einen Kamillentee ...!

**Kasperl:** Kinder, esst ihr auch so gerne Kartoffeln, wie der König, die Königin und ich? Wann habt ihr das letzte Mal etwas aus Kartoffeln gegessen? Gestern? Vorgestern? Ach so, heute gibt es Kartoffelbrei bei euch, das ist gut. Lasst es euch gut schmecken! Tschüss!

*Regina Bestle-Körfer*

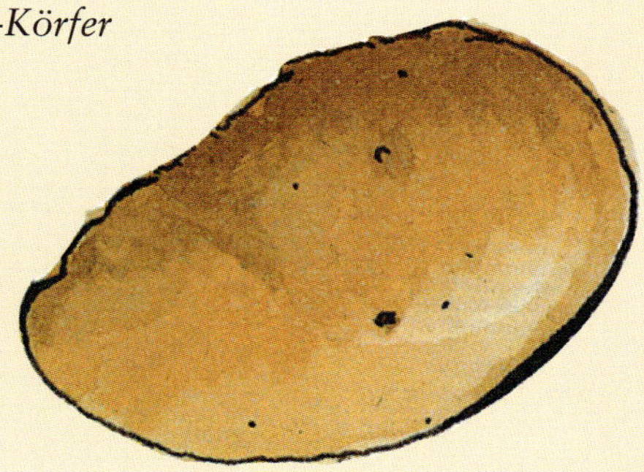

## Wir kochen Kartoffelbrei

Im Anschluss an das Kartoffelkasperltheater kochen wir mit den Kindern Kartoffelbrei. Unsere Charakterknollen Knolli, Kurti und Klausi wollen wir nicht verspeisen. Wir lagern sie in einer gemütlichen Kartoffelkiste, beobachten wie sie beginnen zu keimen und stecken sie im kommenden Frühjahr in die Erde. Vielleicht bekommen sie viele Kartoffelkinder.

# Buddeln beim Bauern

## Ein Ernteprojekt

Die Zeiten, in denen Kinder schulfrei bekamen, um den Bauern bei der Kartoffelernte zu helfen, sind vorbei. Eigentlich schade, denn so lernen die Kinder an diesem Tag zwar lesen, schreiben und rechnen, aber es gehen ihnen auch wertvolle sinnliche Erfahrungen beim Buddeln, Graben und Ernten verloren. Wir können Kindern dieses Ernteerlebnis ermöglichen, indem wir einen Bauern aufsuchen und ihn bitten, unser Ernte-Projekt zu unterstützen. Stellt uns der Bauer ein Stück Kartoffel- oder Möhrenfeld zur Verfügung, das wir mit den Kindern beackern können?

Mit Eimern, Holzkisten, Grabegabel, Spaten, Rechen geht es auf den Acker. Das Buddeln und Wühlen kann beginnen.

Es gibt eine freudige Überraschung bei Zwillingsfindlingen, die Kinder besonders lustig finden. Wir sortieren Kartoffeln und Möhren nach ihrer Größe. Wir zählen, wie viele Kartoffeln von einem Strauch geerntet werden. Wir machen vielleicht Bekanntschaft mit Regenwürmern und Käfern, die Kinder in ihrem Buddelfieber kurz innehalten lassen und neue Fragen und Antworten herausfordern.

### Bitte nicht waschen!

Wer hat die schmutzigsten Hände? Nachdem wir in der Erde gebuddelt und gegraben haben, können wir mit unseren Händen, in Verbindung mit Wasser, schöne Erdebilder malen. Dazu breiten wir auf dem Acker eine große Packpapierfläche, Jute oder Kartoffelsäcke aus, welche die Kinder mit ihren Händen direkt bedrucken oder bemalen können. Mit geernteten Kartoffeln und Möhren belegt, entsteht eine Erntecollage mit Erdespuren. Als Kreisbild gelegt, bestaunen wir ein beschauliches Ernte-Mandala.

### Wie lebt die Kartoffel?

Wir wollen uns einen Einblick in das Leben der Kartoffel unter der Erde verschaffen. Dazu benötigen wir eine große durchsichtige Plastiktüte oder einen durchsichtigen Eimer. Wir heben eine Kartoffelpflanze mit vielen Knollen und ihrem Kartoffellaub aus der Erde und füllen sie in den durchsichtigen Eimer oder die Tüte. Wir überlegen gemeinsam mit den Kindern: In welcher Nachbarschaft lebt die Kartoffel? Von wem bekommt sie unter der Erde Besuch? Welche Tiere haben wir beim Buddeln in der Erde entdeckt?

## Hinein geschmuggelt

Wenn wir Kartoffeln betrachten und befühlen, sehen wir, wie unterschiedlich und einzigartig sie alle gewachsen sind. Doch mit verbundenen Augen fühlen sich die meisten Kartoffeln gleich an. Oder etwa doch nicht? In einen verschlossenen Kartoffelsack haben wir eine Kartoffel geschmuggelt, die sich nicht kartoffelig anfühlt. Jedes Kind darf diese Kartoffel aus dem Sack heraus ertasten. Diese Extra-Kartoffel haben wir vorher in ein Kohl- oder Salatblatt eingewickelt und mit einem Bindfaden befestigt.

## Erntespiel

Dieses Erntespiel ist geeignet für große Gruppen, die wir mit den Eltern als Gäste sehr schnell erreichen. Die Spielleitung klebt jedem Mitspieler eine gemalte Frucht oder ein Gemüse auf den Rücken. Dabei sind von jeder Sorte mehrere Exemplare vertreten. Auf ein Kommando versuchen sich alle Obst- und Gemüsesorten zu finden, indem sie sich gegenseitig auf die Rücken schauen, bei gleichem Symbol an die Hand nehmen und zusammen weiter suchen. Sobald sich die einzelnen Obst- und Gemüsegruppen vollständig gefunden haben, laufen sie zu einem Korb mit ihrem Symbol. Die Gruppe, die zuerst komplett ist und um ihren Korb herum sitzt, hat das Erntespiel gewonnen.

## Kartoffel-Herbst-Feuer

Einen schönen und für die Kinder aufregenden Höhepunkt unseres Ernte-Projektes erleben wir, wenn der Bauer uns erlaubt, am Abend auf seinem Kartoffelacker ein Herbstfeuer anzuzünden. Dazu laden wir Eltern, Kinder, Omas und Opas und natürlich den freundlichen Bauern ein. Wir sitzen auf Strohballen, singen lustige Lieder, backen Stockbrot in der Glut des Herbstfeuers und rösten Kartoffeln in der Asche.

### Erlebnis: Ernte

Graben, Matschen, Buddeln – die Begegnung mit dem Element Erde, so hautnah und unmittelbar, ist Nahrung für jede Kinderseele.
Beim Buddeln von Kartoffeln und Möhren machen wir sinnliche Erfahrungen. Schon das Finden beim Graben und Wühlen wird zum freudigen Ereignis. Die Kinder halten ihren erdigen Findling in den Händen, sie rubbeln solange, bis sie die Farbe der Frucht entdecken – ein sattes tiefes Orange bei Mohrrüben, ein warmes, erdiges Braun bei Kartoffeln. Matschen mit Erde, Lehm, Sand und Wasser fördert die Kreativität der Kinder, weil sie elementare Erlebnisse machen, die ihre Sinne und Phantasie anregen. Sie graben Löcher, füllen sie mit Regenwasser, bauen Hügel und Berge. Sie entwickeln eigene Ideen und realisieren sie mit großem Eifer in Gemeinschaftsarbeit. Und so finden wir überall Kinder, die bis zum anderen Ende der Erde buddeln wollen, weil sie der Erde auf den Grund gehen wollen.

# Nach getaner Arbeit

## Erntedank feiern

Das Erntedankfest wird immer am folgenden Sonntag nach Michaeli, nach dem 29. September, gefeiert. Erntedank ist ein symbolisches Brauchtumsfest, das wahrscheinlich schon auf das 3. Jahrhundert zurückgeht. In allen Religionen finden wir ein Erntedankfest, das seinen Dank an den Schöpfer für die Natur und ihre Schätze zum Ausdruck bringt. Früher waren besonders der Beginn und das Ende der Ernte von Bräuchen begleitet. Die erste Ernte wurde den Armen im Dorf überlassen. Die letzten Körner der Ernte wurden in das Saatgut des nächsten Jahres mit eingestreut.

### Erntedank-Singspiel

Wir fertigen mit den Kindern Kostüme an, indem wir viele bunte Blätter an ihre Kleidung heften. Die Kinder tragen Blätterkronen. Sie sind der Herbst. Gemeinsam singen wir das Herbstlied.

Melodie volkstümlich, wie „Trarira, der Sommer, der ist da“, Text: Regina Bestle-Körfer

1. Trarira, der Herbst, der ist da.
Der Wind pfeift in den Bäumen
und lässt die Blätter träumen.
Trarira, der Herbst, der ist da.

*Die Blätterkinder tanzen einen Blätterreigen im Kreis.*

2. Trarira, der Herbst, der ist da.
Die grauen Nebel wallen,
das kann dem Herbst gefallen.
Trarira, der Herbst, der ist da.

*Kinder mit weißen und grauen Tüchern laufen um die Blätterkinder herum.*

3. Trarira, der Herbst, der ist da.
Der Wind rauscht in den Zweigen,
die bunten Drachen steigen.
Trarira, der Herbst, der ist da.

*Die Kinder laufen mit kleinen gebastelten Drachen um die Blätterkinder herum.*

4. Trarira, der Herbst, der ist da.
Aus schwarzen Wolken Tropfen,
kannst hören, wie sie klopfen.
Trarira, der Herbst, der ist da.

*Die Kinder tragen gemalte Pappwolken herum und machen dazu auf Instrumenten Regenmusik.*

5. Trarira, der Herbst, der ist da.
Viel Regen in die Pfützen,
zum Springen und Bespritzen.
Trarira, der Herbst, der ist da.

*Kinder kommen mit aufgespannten Regenschirmen und Stiefeln.*

6. Trarira, der Herbst, der ist da.
Kartoffeln, Lauch und Möhren
wir in der Erde stören.
Trarira, der Herbst, der ist da.
*Die Kinder spielen pantomimisch, wie sie ernten.*

7. Trari, der Herbst, der ist da.
Den Eimer voll mit Nüssen
von Bäumen schütteln müssen.
Trarira, der Herbst, der ist da.
*Die Kinder schütteln Nüsse. Dazu stehen einige Kinder als Bäume mit locker angeklebten Nüssen bereit, und andere Kinder schütteln die Nüsse von den Bäumen und sammeln sie auf.*

8. Trarira, der Herbst, der ist da.
Ein Schal um Hals und Kragen,
den können wir vertragen.
Trarira, der Herbst, der ist da.
*Alle Kinder, die mitspielen, ziehen sich einen Schal und Mütze an und tragen ihre gefüllten Weidenkörbchen in die Kreismitte.*

## Giuseppe Arcimboldo

Es gab einen Maler in Italien, Giuseppe Arcimboldo (1527–1593), der als Glasmaler am Mailänder Dom tätig war. Arcimboldo malte auch Menschenköpfe aus realistisch dargestellten Naturmaterialien. Da wurden zwei rote Äpfel zu Gesichtsbacken, eine Birne zur Nase, Kirschen zu Augen, Erbsenschoten zu Augenbrauen oder Trauben zu Haaren. Die Gemüsegesichter sehen eigentümlich, aber auch sehr lustig aus. Kinder finden an den fratzenähnlichen Gesichtern ihre Freude.

## Gemüsegesichter nach Arcimboldo

Wir können an unserem Erntedank-Fest eine Aktion mit Kindern und Eltern durchführen, die sich an das Schaffen Arcimboldos anlehnt.
Dazu benötigen wir ein Bild von Giuseppe Arcimboldo zum Betrachten, einen Kaninchenmaschendraht, Stroh, dünnen Blumendraht sowie Früchte und Gemüse. Zuerst biegen wir den Maschendraht zu einer Kopfform zurecht, welche die Kinder mit Stroh prall füllen dürfen. Gemüse und Obst umwickeln wir mit dünnem Blumendraht und die Kinder stecken sie, mit Unterstützung eines Erwachsenen, in den Strohkopf hinein. Zur Erinnerung fotografieren wir unsere Kunstwerke, denn: am nächsten Tag kochen wir aus unserem Gesicht eine leckere Gemüsesuppe und zaubern einen gesunden Obstsalat, damit Obst und Gemüse, wegen ihrer Vitamine, auch noch frisch verzehrt werden.

# 4 Element Luft

## Windige Experimente

### Der Luft auf der Spur

***Der Wind ist ein bestimmendes Element des Herbstes. Kinder mögen den Wind, sie sind fasziniert von seiner Stärke und seiner Fähigkeit, die Welt in Bewegung zu bringen. Warm eingepackt kann ein Windspaziergang zu einem intensiven Sinneserlebnis werden: den Wind am ganzen Körper zu spüren, sein Pfeifen und Tosen zu hören, seine Kraft und Lebendigkeit am eigenen Leib zu erfahren und zu erleben, wie schön es ist, wenn uns frischer Wind um die Nase weht. Unsere Sprache ist voll von „windigen" Formulierungen: wir bekommen von etwas Wind, wir sind schnell wie der Wind, wir nehmen jemandem den Wind aus den Segeln, wir machen viel Wind um eine Sache, in unangenehmen Situationen weht uns der Wind ins Gesicht und wir müssen frischen Wind hereinlassen.***

#### Luft: überall und nirgends

Vom ersten Atemzug an bestimmt das Element Luft unser Leben. Luft ist immer und überall um uns herum, ohne dass wir sie sehen, anfassen oder festhalten könnten. Luft trägt Geräusche, Töne und Klänge an unsere Ohren. Ohne Luft wäre alles um uns herum still. Mit unserer Nase nehmen wir Luft wahr, weil sie Düfte und Gerüche transportiert: den Geruch von feuchtem, modrigem Waldboden, den Duft eines leckeren Kuchens, aber auch „dicke Luft", die entsteht, wenn Abgase unsere Luft verschmutzen. Ohne Luft und ohne den in ihr enthaltenen Sauerstoff können Menschen, Tiere und Pflanzen nicht leben. Luft ist ständig in Bewegung. Sie kann kalt und warm sein; sie lässt uns frieren und sie kann wärmen. Luft trägt. Vögel lassen sich mit ihren Flügeln von der Luft in den Himmel tragen und auch wir Menschen haben den Traum vom Fliegen mit Ballons, Drachenfliegern und Flugzeugen Wirklichkeit werden lassen.

## Luft suchen – Luft finden

- Wir halten uns Mund und Nase zu. Wie lange können wir das aushalten? Wir spüren, wie sehr wir die Luft brauchen.
- Wir atmen sie ein. Bewusst holen wir einmal ganz tief Luft durch die Nase, durch den Mund und spüren, wie die Luft sich in uns breit macht, wie sie unsere Lungen füllt und unseren Bauch groß werden lässt.
- Wir atmen aus. Kräftig und stark lassen wir die Luft aus uns herausströmen. Wir können sie hören.
- Wir pusten Luft in einen Luftballon hinein. Die Luft können wir nun mit Hilfe des Ballons in Händen halten, weiterreichen und herumtragen.
- Wir bringen die Luft in Bewegung. Wenn wir langsam oder schnell durch den Raum flitzen, gerät die Luft in Bewegung, es entsteht ein Windzug. Was bewegt er? Eine Feder? Ein Stück Papier? Was passiert mit einer Kerze?
- Wir lassen Luftblasen aufsteigen. In eine Wasserschüssel tauchen wir eine Flasche oder einen Blumentopf aus Ton. Wir sehen, wie die Luft aus der Flasche und dem Topf in Blasen an die Wasseroberfläche steigt.
- Wir bringen Luft zum Klingen. Wir blasen einen Luftballon ein wenig auf und lassen die Luft dann ganz langsam entweichen, indem wir das Mundstück leicht auseinander ziehen. Quietschende Töne entstehen.

## Den Wind spüren wie einen Trockner

Wie fühlt sich Wind an? Der Wind hat viele verschiedene Ausdrucksformen, die wir alle unterschiedlich wahrnehmen: eine leichte Brise, ein sanftes Säuseln, eine Böe, ein heftiger Sturmwind, ein Orkan.

## Den Wind sehen

Der Wind wird für uns sichtbar, weil wir sehen können, wie er Gegenstände, Bäume und Pflanzen in Bewegung bringt. Blätter wirbeln auf, Äste schwanken hin und her, Bäume biegen sich, Früchte werden von den Bäumen geweht, ein Wetterhahn dreht sich, Wäsche auf der Leine oder Fahnen am Mast flattern, ein Segel bläht sich auf, Drachen tanzen am Himmel.

Wir tauchen unsere Hände in eine Schüssel mit Wasser und halten sie in den Wind. Spüren wir den Wind? Wie lange dauert es, bis der Wind unsere Hände getrocknet hat?

## Eine Windstation

In einen Strohballen, den wir draußen aufstellen, stecken wir Äste oder Rundhölzer. An ihnen befestigen wir mit einem Faden oder einer Kordel verschieden schwere Gegenstände, z. B. Federn, Blätter, Nägel, Holzstücke, kleine Tontöpfe oder Steine. An der Bewegung der Gegenstände können wir sehen, wie stark der Wind weht.

## Einer Windorgel lauschen

Der Wind macht Geräusche. Er pfeift ums Haus. Er rüttelt an Fenstern und Türen. Er lässt die Rollläden klappern. Er heult im Kamin. Scheppernd treibt er eine leere Dose vor sich her. Eine offene Tür quietscht, wenn der Wind sich in ihr fängt. Welche Geräusche fallen euch noch ein? Verschieden große, leere Flaschen graben wir so in Erde oder Sand ein, dass die Flaschenhälse gut zu sehen sind. In manche stecken wir noch einen Strohhalm. Wenn der Wind über die Flaschenöffnungen streift, beginnt die Windorgel zu spielen.

# Im Herbstwind

## Windspiele und Tänze

### Windkarussells

Einen Gymnastikreifen umwickeln wir mit Bast oder Krepppapier. An dem Reifen werden mit dünnem Nylonfaden Naturmaterialien wie Moosstücke, Tannenzapfen, Blätter oder Herbstfrüchte befestigt. Aus Tannenzapfen oder Rindenstücken können wir auch Tiere oder Männchen basteln, die gerne Karussell fahren möchten. Das voll besetzte Karussell wird an einem Baum oder an einer Stange festgebunden. Wenn der Wind mitspielt, kann es sich dort mal langsam oder mal ganz schnell drehen. Kleine Windkarussells für jedes Kind können aus Draht gebastelt werden, der zu einem Ring geschlossen werden muss.

### Blätter-Rechen

Auf einem Wiesenstück oder auf dem Asphalt wird ein Spielfeld markiert. Auf diesem Spielfeld verteilen wir viele bunte Herbstblätter. Bei zu starkem Wind können die Blätter ein wenig angefeuchtet werden. Immer zwei Kinder spielen gegeneinander. Ausgerüstet mit einer kleinen Harke und einem Eimer beginnen die Kinder, das Laub zusammenzuharken und in den Eimer zu stecken. Volle Eimer werden in zwei bereitstehende große Eimer oder Körbe ausgeleert. Wer schafft es, die meisten Blätter zusammenzurechen?

### Windmalereien

Auf dem Boden breiten wir große Bögen Papier aus und befestigen sie mit Klebeband. Bereitgestellte Wasserfarben, die sehr flüssig angerührt werden, klecksen wir mit dicken Pinseln großzügig auf das Papier. Was macht der Wind mit den Farben? Welche Muster und Bilder kann der Wind für uns zaubern?

### Regenschirm-Olympiade

Wir bilden Mannschaften mit mehreren Kindern. Jede Mannschaft bekommt einen Kinderregenschirm. Start- und Ziellinie werden vereinbart. Auf ein Zeichen hin spannt das erste Kind seinen Regenschirm auf, hält ihn wie ein Schild vor den Körper und rennt los – gegen die Kraft des Windes und ohne den Schirm loszulassen! In der nächsten Runde balancieren wir auf einer gemalten Linie, dürfen den Regenschirm aber nur mit einer Hand festhalten. In einer weiteren Variante halten wir den geöffneten Regenschirm wie einen Korb nach unten und versuchen, Kastanien oder Tannenzapfen zur Ziellinie zu transportieren. Wer erfindet noch andere olympische Aufgaben mit einem Regenschirm?

## Herbsttanz mit Friederike Wirbelwind

Über den Himmel im herbstlichen Wind
tanzt ausgelassen ein lustiges Kind.
Schubst Wolken wie Watte durch das Blau,
zerzaust meine Haare, ich spür es genau.

Wie ein schnaubender Drache fegt es durch die Bäume,
schreckt herbstbunte Blätter aus ihren Träumen.
Rüttelt so lange, bis sie fallen und fliegen,
und am Boden wie bunte Farbtupfer liegen.

Wollt ihr wissen, wie es heißt, dieses lustige Kind?
Es ist Friederike Wirbelwind!

Socken und T-Shirts flattern im Sturm,
laut quietscht der Wetterhahn auf dem Turm.
Gruseliges Geheul tönt aus Spalten und Ritzen,
als würden dort tausend Gespenster sitzen.

Dicke Tropfen im Herbstwind zur Erde fallen,
mit Plitsch und Platsch auf der Straße zerknallen.
Mein Regenschirm hält dem Getrommel nicht stand,
eine heftige Böe reißt ihn mir aus der Hand.

Wollt ihr wissen, wie es heißt, dieses lustige Kind?
Es ist Friederike Wirbelwind!

*Annemarie Stollenwerk*

Friederike Wirbelwind lädt uns ein, mit ihr im Herbstwind zu tanzen. Wir probieren den Wolkenschubser-Tanz, den kunterbunten Blättertanz, den Heul-Tanz oder den Regentropfen-Tanz.

- Wolkenschubser-Tanz: Wir kreuzen unsere Arme vor der Brust, gehen oder hüpfen aufeinander zu und schubsen uns mit den gekreuzten Armen vorsichtig an.
- Kunterbunter Blättertanz: Welche Tanzschritte und Bewegungen machen die Blätter im Wind? Sie kreiseln, wehen, schweben, kullern, hüpfen hin und her, wechseln unkontrolliert die Richtung, reiben aneinander und rascheln dabei.
- Wir sind schwebende Blätter im Wind. Wir breiten unsere Arme aus und schweben alleine leicht und anmutig durch die Luft, ehe wir zu Boden fallen.
- Wir sind Blätter, die auf dem Boden wirbelnde Kreise drehen. Dazu fassen wir uns alle an den Händen und drehen uns im Kreis, mal langsam, mal schnell.
- Wir sind Blätter, die der Wind hin und her rollen lässt. Mit Zickzack-Sprüngen hüpfen wir hin und her und ändern ständig unsere Richtung.
- Heul-Tanz: Beim Tanzen und Springen heulen wir ganz schauerlich.

# Dem Himmel entgegen

## Vögel im Wind

Vögel sind zum Fliegen geboren. Ihr Körper ist stromlinienförmig und leicht, er kann sich von der Luft tragen lassen und durch die Luft gleiten. Der Schlag der Flügel dient dazu, sich auch ohne Luftströmung, ohne Wind in den Lüften halten zu können. Vögel mit großer Flügelspanne können lange Zeit in der Luft segeln, ohne mit den Flügeln zu schlagen. Mit Beginn der Herbstzeit legen viele Vögel weite Strecken zurück, um nach Süden zu ziehen und dort den Winter zu verbringen. Abermillionen von Flügelpaaren beleben in dieser Zeit den Himmel. Wenn die Zeit der großen Herbstwanderung näher rückt, fressen sich die Zugvögel so rund wie möglich, um Reserven für die weite Reise aufzubauen. Der Kuckuck fliegt als erster, allein. Schwalben sammeln sich in langen Reihen auf Leitungen. Ihre innere Uhr und die Sorge ums Überleben sagen ihnen, wann es Zeit wird, gemeinsam loszufliegen. Stare warten mit dem Vogelzug, bis das Wetter bei uns schlechter wird. Die im hohen Norden lebenden Schwäne, Wildgänse und Wildenten ziehen in unsere Breiten.

### Vogelkundler unterwegs

Wir beobachten Vögel in Parks, Gärten, im Wald und auf den Straßen. Mit Hilfe eines Fernglases können wir sie ganz aus der Nähe betrachten, ohne sie zu stören. Aus Papprollen können wir uns selbst ein Fernrohr bauen, das zwar nicht vergrößert, aber unsere Augen auf einen bestimmten Punkt zu konzentrieren hilft. Welche Vogelarten können wir benennen? Stare erkennt man z. B. gut an ihrem braun-getupften Gefieder, Schwalben an ihrem ausgeprägten gespaltenen Schwanz und ihren wendigen Flugbewegungen. Ein Vogelbestimmungsbuch kann unsere Beobachtungen unterstützen.
Wir legen uns auf den Rücken und schauen den fliegenden Vögeln nach, sehen, wie unterschiedlich sie sich bewegen, wie schwerelos sie segeln, wie hoch sie steigen, wie wendig sie sind.
Wir beobachten, wie sich Zugvögel sammeln, wie sie zwitschernd und schwatzend beieinander sitzen. Wo lassen sie sich nieder? Wie bewegen sie sich am Himmel? Können wir bestimmte Formen erkennen?
In einem Atlas oder auf einem Globus schauen wir nach, wie weit die Strecke ist, die die Vögel auf ihrem Flug nach Süden – bis in den Mittelmeerraum und nach Afrika – zurücklegen.

### Sammeln zum Abflug

Wir spielen das Sammeln der Vögel nach und versuchen durch Geräusche, unsere Vogelfamilie startbereit für den Flug nach Süden zu machen. Stare rufen z. B. „spett-spett-spett“, Schwalben dagegen „wit-wit“. Wildgänse schnattern und Wildenten quaken. Jedem Kind flüstern wir ins Ohr, welchen Vogel es nachahmen soll. Auf ein Zeichen hin beginnen alle Kinder gleichzeitig mit ihrem Vogelruf und versuchen nun, ihre Vogelfamilie zu finden und um sich zu sammeln. Gewonnen hat die Vogelfamilie, die zuerst mit allen Vogelkindern in einer Reihe nebeneinander sitzt.

## Zugvögellied

Volkslied
2.-4. Strophe: Regina Bestle-Körfer

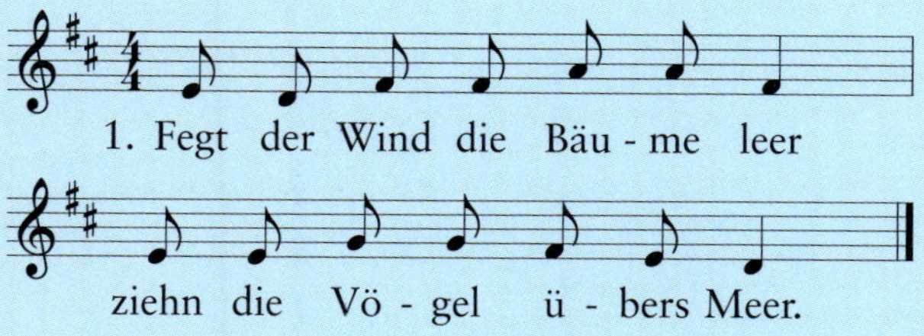


2. Schwalben, Pirol, Fink und Star
   kommen wieder nächstes Jahr.
3. Raben, Krähen bleiben hier,
   friern im Winter so wie wir.
4. Amseln, Meischen, kleiner Spatz
   suchen einen Futterplatz.

## Vogelflug

Wir bilden die Flugformationen der Zugvögel nach. Wildgänse fliegen z. B. in V-Form, Stare in einer dichtgedrängten „Wolke“, Schwalben in langen Bändern. Aus schwarzem Tonkarton schneiden wir die Silhouetten der Vögel aus und befestigen sie an einem kurzen Band. Auf einer Wiese oder auf dem Hof bewegen wir uns dann wie die Zugvögel, indem wir rennen und unsere Kartonvögel hinter uns her flattern lassen.

## Wind-Wipp-Vögel

Ganz andere Windvögel sind unsere lustigen Wipp-Vögel. Aus Draht biegen wir eine beliebige Grundform und schließen sie. Den überstehenden Draht ziehen wir glatt und drehen ihn in zirka fünfzehn Umwindungen um ein dickes Rundholz oder einen Besenstiel, sodass eine Spirale entsteht. Es sollte noch ein gerades Ende übrig bleiben. An diesem Ende befestigen wir mit Bindedraht einen geraden Stock, den wir bis in die Drahtspirale hineinschieben. Dadurch bekommt der Wipp-Vogel mehr Festigkeit und wir können ihn gut in Erde, einen Blumenkübel oder in Stroh stecken. Die Grundform bekleben wir von beiden Seiten mit buntem Stoff, Ton- oder Transparentpapier. Aus festem Karton schneiden wir zwei Kreise, die als Kopf dienen und von beiden Seiten auf den Körper geklebt werden. Nun kann der Vogel geschmückt und verziert werden: mit bunten Flügeln und Schwanzfedern aus Papier, Stoff oder Federn. Er kann bemalt und beklebt werden. Bei Vögeln aus Tonpapier empfiehlt es sich, sie mit Klarlack einzusprühen, so sind sie draußen etwas haltbarer. Zum Schluss suchen wir für unsere Vögel ein windiges Plätzchen im Blumenkasten, im Beet oder in Strohballen, die wir draußen aufstellen.
*Material:* 1,5 mm dicker Draht, eine Zange, Rundholz oder Besenstiel, gerade Stöcke, Bindedraht, Transparentpapier, Tonkarton oder Stoff, Kleber, Federn, Farben, Sprühlack.

# Kunterbunte Blätterträume

## Blätter im Detail

Was wäre der Herbst ohne die ungezählten Blätter, die in den herrlichsten Farben leuchten und später mit jedem Windstoß von den Bäumen fallen und durch Straßen und Gassen tanzen. Blätter stehen uns im Herbst in Massen zu Verfügung, sie sind natürliches und kostenloses Spielmaterial, das zum Schauen, Staunen, Begreifen, Experimentieren, Spielen und Gestalten einlädt.

### Jedes Blatt ein Unikat

Jeder Baum und jeder Strauch hat Blätter, die sich durch ihre typische Form voneinander unterscheiden lassen. Buchen haben gerundete Blätter, ein Kirschbaum hat gezackte, ovale Blätter, die Blätter einer Eiche weisen runde Einbuchtungen auf, Ahornblätter sehen wie eine Hand aus. Die Blätter der Eberesche setzen sich aus mehreren kleinen Teilblättchen zusammen. Auch eine Kiefer hat spitze, schmale Blätter, die man Nadeln nennt. In jedem Blatt sind auch die Blattadern zu erkennen, die Lebensadern des Blattes, durch die der Pflanzensaft als Nahrung fließt. Während die Blätter Nahrung für den Baum erzeugen, geben sie Sauerstoff ab, den wir zum Atmen und damit zum Leben brauchen. Ohne diese immer währende Leistung der Pflanzen und Bäume wäre Leben auf unserer Erde unmöglich.

### Blätter-Lexikon-Leporello

Wir gehen durch Straßen, Parks, Kleingartenanlagen oder in den Wald. Welche Bäume stehen dort, wie sehen ihre Blätter aus? In mitgebrachten Körben oder Stofftaschen sammeln wir die verschiedenartigen Blätter ein, sowohl von heimischen Bäumen, aber auch von manchen Exoten, die mitunter in unseren Breiten wachsen können. Wir breiten sie drinnen aus und ordnen sie nach Sorten und Formen. Um die Blätter besser haltbar zu machen, müssen wir sie trocknen und pressen. Gemeinsam überlegen wir dann, welche Blätter zu welchem Baum gehören. Manchmal müssen wir vielleicht in einem Baumbestimmungsbuch nachschauen. Dann legen wir uns selbst ein Blätterlexikon an. Dazu benötigen wir große Bögen Fotokarton. Auf jeden Bogen kleben wir die Blätter eines Baumes, große und kleine, verschieden gefärbt. Dazu malen wir die entsprechenden Früchte oder kleben sie dazu. Vielleicht haben wir auch noch ein Stück passende Baumrinde gefunden. Die einzelnen Kartonbögen verbinden wir mit breitem, durchsichtigem Klebeband. Wie eine Ziehharmonika gefaltet, kann uns unser Blätter-Lexikon-Leporello durch den Herbst begleiten.
*Material:* Tonkartonbögen 50x70 cm, Kleber, transparentes Klebeband, getrocknete Blätter, Früchte, Rindenstücke

## Kunstwerke der Natur: Blätter-Rippen

Manchmal kann man am Ende des Herbstes draußen ganz wundersame Blättergerippe finden. Vom Blatt ist außer den Blattadern nichts mehr übrig geblieben. Doch solche Funde sind wirklich selten. Mit etwas Geduld können wir selbst für den Auflöse- und Verrottungsprozess der Blätter sorgen. In einen Topf mit Wasser legen wir einige Eichen-, Linden-, Weiden- und Ahornblätter und lassen sie etwa 40 Minuten köcheln. Nach dem Abkühlen stellen wir den Topf nach draußen und lassen ihn dort zugedeckt stehen. Zwischendurch schauen wir uns das Geschehen im Topf öfter einmal an. Dass dort ein Abbauprozess im Gange ist, werden wir schon bald riechen können! Nach etwa zehn bis zwölf Tagen können wir die Blätter vorsichtig herausnehmen. Unter klarem Wasser entfernen wir mit einer kleinen Bürste oder einem Pinsel vorsichtig die Blattsubstanz innerhalb der Rippen. Zwischen Zeitungspapier, das wir mit einem Gegenstand beschweren, lassen wir die Blattreste dann trocknen. Auf dunklem Tonpapier können wir die Blätter-Rippen anschauen und bestaunen. Kunstwerke der Natur liegen vor uns.

## Blattabdrücke

Von Blättern mit ganz ausgefallenen Formen können wir draußen oder drinnen einen Abdruck nehmen, indem wir die Blätter mit Gipsbinden und Wasser einschmieren. Dazu legen wir kleine Stücke einer Gipsbinde kurz in Wasser, drücken sie leicht aus und legen sie auf die Rückseite des Blattes, auf der die Blattadern besonders gut zu tasten sind. Gipsbinden trocknen rasch. Kurz bevor sie richtig trocken werden, ziehen wir unser Blatt wieder ab und halten einen originalgetreuen Abdruck des Blattes in unseren Händen. Jedes Kind kann so sein Lieblingsblatt mit nach Hause nehmen.

## Herbsttücher

Mit frischen Blättern kann man wunderbar drucken. Auf weiße Stofftaschentücher oder in Quadrate geschnittene Bettlaken drucken wir mit wasserlöslichen Farben oder mit Stofffarben kunterbunte Blätter. Dazu streichen wir die Blätter mit Farbe ein, legen sie auf den Stoff, decken sie mit Zeitung ab und rollen mit einer Walze einmal kräftig darüber. Anschließend ziehen wir Zeitung und Blatt vorsichtig wieder ab.

Eine andere Variante ist es, die Tücher in Batikfarbe herbstlich einzufärben. Batikfarbe gibt es in Pulverform in vielen verschiedenen Farben zu kaufen. Entsprechend der Packungsanleitung muss sie nur mit Wasser angerührt werden. Ist die Grundfärbung fertig, können die Kinder auch hier wieder mit frischem Laub drucken. Möchten die Kinder ihre Tücher als Halstücher tragen und sollen sie waschbar sein, müssen die Blätter mit bügelfixierbarer Farbe bestrichen werden.

Die fertigen Tücher werden umgebunden oder als Schmuck in einer langen Kette zusammengeknotet und an einem schönen Platz aufgehängt. Mit unseren Herbsttüchern können auch die Äste der Bäume wie mit bunten Fahnen geschmückt werden.

# Von mir zu dir

## Blättersinfonien

### Blattgeschenke und Blätterpäckchen

Es ist immer etwas Besonderes, ein Geschenk zu bekommen, gerade wenn wir nicht Geburtstag haben oder sonst ein Fest feiern. Wem würdet ihr gerne ein Blätterpäckchen schenken? In der Natur finden sich viele schöne und geheimnisvolle Dinge, die wir anderen zum Geschenk machen können: ein besonders schöner Stein, eine glatte glänzende Kastanie, ein Schneckenhäuschen, eine Feder, ein Tannenzapfen, eine ausgefallenen Frucht und vieles mehr. Mit großen, biegsamen Blättern lassen sich unsere Fundstücke liebevoll verpacken. Wir legen die Blätter um oder über unser Geschenk und binden sie mit Halmen oder Grasstengeln zusammen.

### Blätterbriefe

Auch hierfür suchen wir uns ein schönes Blatt aus, das unser Briefpapier oder unsere Postkarte werden soll. Mit selbst hergestellter Erdfarbe (siehe Kapitel 3) bemalen oder beschreiben wir das Blatt. Kleinere Blätter werden zu Briefmarken, die wir mit Wasser oder etwas Kleister ankleben. Fertig ist die Blätterpost! Wir können die Briefe in einen „Briefkasten“ stecken. Ein Kind spielt dann den Briefträger, der die Post verteilen darf. Wir können die Briefe aber auch an einen Baum schicken und sie mit dünnen Fäden versehen in seine Äste hängen.

### Blätterkränze und Blätterkronen

Wenn wir mit wachen Sinnen durch den Herbst gehen, durch die Straßen, Gärten, Parks oder durch den Wald streifen, werden uns überall viele wundersame und interessante Dinge begegnen, die uns ihre eigene Geschichte erzählen möchten: Blätter, die uns am Baum an einem heißen Sommertag Schatten spendeten, Wurzeln und Wurzelstücke, an denen vielleicht die Wurzelzwerge gearbeitet haben, Federn, die streitlustige Vögel verloren, Beeren, die vom Wind oder durch Vögel von den Sträuchern und Hecken gerupft wurden, Tannenzapfen und Nüsse, die ein Eichhörnchen beim Sammeln verlor, Äste, die der Wind von den Bäumen geschüttelt hat, Moos, das im feuchten Waldboden gewachsen ist.
All unsere Fundsachen fädeln wir auf einen Draht, biegen ihn zu einem Ring und verschließen ihn mit Hilfe einer Zange. Mit den Kränzen schmücken wir unsere Räume oder uns selbst.

### Blätter-Früchte-Musik

Das Fallen der Blätter und Früchte ist mit Geräuschen verbunden. Mit einfachen Rhythmusinstrumenten können wir uns diese Klänge vergegenwärtigen. Zuvor überlegen wir gemeinsam, auf welche Weise die Blätter von den Bäumen fallen, ob laut oder leise, gerade nach unten oder tanzend im

Kreis, alleine oder in einer Blätterwolke. Zuvor können wir uns auch an einem trockenen und nicht zu kühlen Herbsttag draußen auf die Musik der Blätter und Früchte einstimmen: Die Kinder legen sich unter einen Baum, schauen in die Krone und beobachten und lauschen, was geschieht, wenn sich ein Blatt oder eine Frucht vom Baum löst.
Drinnen breiten wir dann auf einem Tisch oder einer Decke verschiedene Instrumente aus: Rasseln, Glöckchen, ein Glockenspiel, Klanghölzer, Triangeln, Handtrommeln usw. Jedes Kind wählt ein Instrument aus und versucht mit seiner Musik zu beschreiben, wie die Blätter fallen. Die anderen Kinder lauschen – vielleicht auch mit geschlossenen Augen – und versuchen zu erraten, wie das Blatt oder die Frucht vom Baum gefallen ist. Zum Schluss lassen alle Kinder gemeinsam ihre Blätter- und Früchtemusik ertönen. Ein Kind spielt den Konzertmeister und dirigiert die Blätter-Früchte-Sinfonie in Herbst-Dur!

## Laubrascheln und Blätterregen

- Wir füllen Kisten und Körbe mit trockenem Herbstlaub und stellen diese zum Spielen und Experimentieren bereit.
- Wir werfen Arme voller Laub in die Höhe und lassen uns berieseln und beregnen.
- Wir legen uns auf den Boden und decken uns gegenseitig mit einer Schicht aus Laub zu.
- Wir suchen uns eine Blätterkuhle oder richten uns in einem Blätterhaufen ein gemütliches Bett her.
- Wir füllen einen Kriechtunnel mit Herbstlaub und lassen die Blätter darin hin- und herrutschen.
- Wir lassen Blätter die Rutschbahn hinuntersausen und versuchen hinterherzurutschen.
- Wir lassen Blätter auf einer Plastikplane oder einem Schwungtuch auf- und niederwirbeln.

## Nadel-Kissen

Nicht nur Laubbäume verlieren ihre Blätter, es gibt auch einen Nadelbaum, der im Herbst alle seine Nadeln abwirft: die Lärche. Wie ein feiner Regen oder sanft wie Schneeflocken im Winter schweben ihre grün-gelben Nadeln im Wind zu Boden. Jeder Baum hat Unmengen von feinen Nadeln, die zusammengefegt einen riesigen Berg ergeben würden. In großen Pappkartons sammeln wir viele Lärchennadeln. In ihnen kann man sich herrlich verstecken, mit ihnen kann man spielen, sie im Wind fliegen lassen und Muster mit ihnen streuen.
Wir können sie auch drinnen in transparente Plastiktüten füllen, die am besten zugeschweißt werden, damit die Nadeln an Ort und Stelle bleiben. Diese Nadelkissen können wir uns zuwerfen, sie auf einem Schwungtuch hoch in die Luft wirbeln oder sie auf unseren Händen oder Köpfen balancieren.

# Ausflüge ins Reich der Phantasie

## Ein Blatt fällt ab

Das bewusste Erleben von Stille und Ausflüge ins Reich der Phantasie sind zu kostbaren Erfahrungen geworden, denen wir in unserer lauten und hektischen Welt nur selten Raum geben. Auch Kindern fällt es zunehmend schwer, still zu werden, bei einer Sache zu bleiben, bei sich selbst zu sein und sich der Welt der Träume und Phantasie hinzugeben. Doch Stille ist notwendig, um besser zu hören, genauer zu sehen und intensiver zu empfinden. Stille öffnet uns für die unscheinbaren und leisen Dinge in unserer Umgebung. Und sie öffnet uns auch für andere Menschen. Gerade das sinnliche Erfahren der Natur in den Jahreszeiten schafft einen vielseitigen und farbigen Nährboden, um Kinder zum Stillwerden und Staunen einzuladen.

### Warum werden die Blätter bunt?

Wenn die Blätter sich langsam verfärben und in den buntesten Farben zu leuchten anfangen, wird der Beginn des Herbstes sichtbar. Im Frühjahr und Sommer hat das Blattgrün in den Blättern mit Hilfe der Luft und des Lichtes Mineralstoffe aus dem Boden aufgenommen und in Nahrung umgewandelt. Im Herbst baut sich das Blattgrün ab und alle Nährstoffe, die ein Baum zum Leben braucht, wandern in die Äste und in den Stamm. Erst jetzt können die Farben einiger anderer Blattfarbstoffe sichtbar werden. In leuchtendem Rot zeigen sich dann z. B. Ahorn und Buchen, gelb schimmern Weiden, Pappeln, Ulmen, Espen und Kastanien, in einem warmen Bronzeton leuchten Linden. Birken und Eichen sind in ein helles Gold getaucht. Manche Blätter schimmern in verschiedenen Farben gleichzeitig und sehen dabei aus wie kunterbuntes Konfetti.

### Warum fallen die Blätter von den Bäumen?

Ist der grüne Blattfarbstoff vollständig abgebaut, bildet sich dort, wo das Blatt am Ast sitzt, eine hauchdünne Schicht. Die Wasserzuleitungen in das Blatt werden verschlossen. Dadurch hängt das Blatt bald nur noch locker am Geäst. Beim nächsten Windstoß kann es sich nicht mehr halten und wird losgerissen. Wo es einmal wuchs, bleibt eine Narbe zurück; doch gleich über dieser Narbe werden schon neue Knospen vorbereitet.

## Eine Phantasiereise

Phantasiereisen und Entspannungsübungen bedürfen einer ruhigen und angenehmen Atmosphäre. Manche Kinder werden eine Weile brauchen, bis sie sich auf Ruhe und Stille einlassen können. Leise, meditative Musik kann dabei zu Beginn helfen.

Stell dir vor, du bist ein Blatt,
ein wunderbar gezacktes Blatt an einem Ahorn-Baum.
Der Baum steht als einzelner Baum auf einer kleinen Anhöhe, rundherum sind Wiesen und goldgelbe Stoppelfelder.
Du bist ein Blatt von vielen.
Du hängst ganz oben in der mächtigen Krone des Baumes.
Neben dir hängen noch viele andere Blätter, kleine und große.
Mit Zauberfarbe hat der Herbst sie alle angemalt.
Seinen Pinsel hat er dabei in leuchtendes Rot, Gelb, Orange und Braun getaucht.
Dir hat er ein rotes Kleid angezogen.
Das sieht wunderschön aus im hellen Sonnenlicht unter dem leuchtend blauen Himmel!
Ein leichter Wind streicht durch die Äste, zärtlich und leise. Du berührst ganz leicht ein Blatt neben dir.
Ein leises Wispern und Rascheln kannst du hören.
Plötzlich hüpft ein Eichhörnchen durch die Äste, sein buschiger rotbrauner, weicher Schwanz kitzelt dich ein wenig. Und schon ist es wieder verschwunden.
Der Wind wird übermütig. Er saust durch den Baum, als würde er gejagt. Neben dir reißt er andere rote, gelbe, orangene und braune Blätter von den Zweigen und wirbelt sie durch die Luft.
Du kannst dich noch halten. Doch was ist jetzt?
Es wird noch stürmischer. Der Wind rüttelt dich hin und her, hin und her – ohne aufzuhören. Du musst loslassen, dem Wind nachgeben. Eine kräftige Böe packt dich und reißt dich mit.
Du wirbelst im Wind, auf und ab, einmal linksherum, einmal rechtsherum und dann rundherum im Kreis.
Zuerst bist du ganz erschrocken, fürchtest dich vor dem Hin und Her. Doch dann macht es dir Spaß, das Wirbeln und Schaukeln, das Kreiseln und Drehen.
Es ist ein wilder, ausgelassener Tanz. Immer neu wirbelt dich der Wind nach oben und lässt dich dann los.
Du genießt diesen Tanz. Du lässt dich treiben, lässt dich fallen.
Allmählich geht dem Wind die Puste aus. Das Wirbeln und Schaukeln lässt nach und du beginnst zu schweben. Leise und leicht wie eine Feder schwebst du zu Boden.
Im Hinunterschweben schaust du dich um, siehst den Himmel, die goldenen Sonnenstrahlen, die Wiesen und Felder.
Behutsam und weich landest du auf dem Boden.
Du bleibst liegen, zusammen mit vielen anderen Blättern.
Wie ein großer Teppich habt ihr euch unter dem Baum ausgebreitet, ihr liegt still und könnt euch ausruhen.

*Annemarie Stollenwerk*

## Eduard von Eichenwald bekommt Besuch

Bäume gibt es schon seit langer, langer Zeit. Viele Menschen sind an ihnen vorbeigegangen, haben in ihrem Schatten gesessen, dem Rauschen ihrer Blätter und Äste gelauscht und ihre Blätter fallen sehen. Wenn Bäume sprechen könnten, würden sie uns vieles erzählen können. Vielleicht auch folgende Geschichte.

Stellt euch vor, es gab einmal eine Zeit, da wurden die Bäume im Herbst lebendig und konnten Menschengestalt annehmen. Wenn es in den Wäldern, Gärten und Parks allmählich stiller wurde, begannen die Bäume sich gegenseitig zu besuchen und erzählten einander von den Ereignissen, Erlebnissen und Träumen des vergangenen Jahres. Meist trafen sie sich bei Eduard von Eichenwald, der schon 250 Jahre allein am Rande eines Kornfelds stand. Er war schon etwas gebrechlich und morsch, aber er konnte wunderbar zuhören und Geschichten aus seinem Leben erzählen. An einem wolkenverhangenen, nebeligen Herbsttag versammelten sich die Bäume am frühen Nachmittag um Eduard von Eichenwald. Amanda Ahorn, Bruno Birkenhain und Katharina Kastanie waren zu der alten Eiche gekommen. Den weitesten Weg hatte Barbara Buchenstein zurückgelegt. Sie lebte schon seit vielen Jahren mit ihrer großen Familie in einem abgelegenen Buchenwäldchen am Rande der Stadt. Doch nun war sie da und freute sich, alle Freunde versammelt zu sehen. Nach wortreichen Begrüßungen und vielen Umarmungen ließen sich die Bäume nieder und begannen von den Erlebnissen des vergangenen Jahres zu berichten. Eduard von Eichenwald begann mit seiner tiefen, warmen Stimme zu erzählen. „Die Stürme im vergangenen Winter haben mir sehr zugesetzt. Viele meiner Äste sind abgeknickt und ich spüre, dass sich meine Wurzeln auch ein wenig gelockert haben. Ich weiß nicht, ob ich den nächsten starken Sturm überstehen werde.“ Leise Trauer mischte sich in seine Stimme und den anderen Bäumen entging nicht, dass Eduard von Eichenwald betrübt darüber war, dass sein Baumleben vielleicht schon bald zu Ende gehen könnte. Als nächster berichtete Bruno Birkenhain. Er war noch jung und ein hochgewachsener, schlanker und biegsamer Baum, dessen kleine Blätter ständig in Bewegung waren. Im vergangenen Jahr war er enorm in die Höhe gewachsen. „Ich kann nun endlich über die Dächer der Häuser rund um meinen Garten schauen. Mir ist es nicht mehr langweilig. Jeden Tag habe ich etwas Neues zu entdecken. Ich kann den Kindern beim Spielen zusehen, ich sehe Frauen und Männer beim Einkaufen. Ich sehe und höre die Autos, Lastwagen und Busse, die auf der Straße entlang fahren. Nur

eines stört mich. Meine Nase ist sehr empfindlich und die Autos und Lastwagen stinken gewaltig, wenn viele von ihnen unterwegs sind." „Das kann mir nicht passieren", warf Amanda Ahorn ein. Sie war eine elegante Erscheinung. Ihre scharf gezackten Blätter leuchteten schon in kräftigem Gelb. „Wie ihr wisst, lebe ich auf dem großen Waldfriedhof, wo ich tagein und tagaus die Ruhe und Stille genieße und nachdenken und träumen kann. Nur die Vögel und Eichhörnchen leisten mir Gesellschaft, wenn sie in meinen Ästen spielen. Doch im Sommer ist es mir schlecht ergangen. An einem schwülen, drückenden Sommerabend hat ein heftiges Gewitter mit gewaltigen Blitzen meine Krone getroffen. Die eine Seite ist völlig verkohlt und die Äste zersplittert. Dort werden keine Blätter mehr wachsen. Wochenlang haben Menschen und Tiere meine zerrissenen und verwundeten Äste angeschaut und befürchtet, ich würde sterben." Die anderen Bäume bedauerten das Schicksal des Ahorns, aber sie wussten auch, dass Amanda diese Verletzung mit ungebrochener Kraft überstehen würde. Als letzte erzählte Katharina Kastanie von ihren Erlebnissen. Sie war sehr energisch und temperamentvoll und liebte den Platz, an dem sie stand, über alles. „Meine Kinder haben mir wieder ein abwechslungsreiches Jahr bereitet. Wie ihr wisst, stehe ich vor einem Kindergarten mitten in der Stadt. In meinen Zweigen haben sich die Kinder im Frühling ein Baumhaus gebaut. Jeden Tag sitzen andere Kinder dort und ich kann ihnen lauschen, wenn sie sich miteinander unterhalten oder sich ihre Träume und Geheimnisse erzählen. Jetzt freuen sich die Kinder darauf, wenn der Wind meine Früchte auf den Boden fallen lässt und die glänzenden Kastanien zum Vorschein kommen. Mit keinem Baum auf der Welt möchte ich tauschen!"

Über das Erzählen und Miteinanderplaudern war es spät geworden. Bleich erschien der Mond am Himmel und vereinzelt zogen Nebelschwaden über die Felder. Plötzlich kam Wind auf; wild und stürmisch wehte er durch die Kronen der Bäume. Äste und Zweige ächzten und die Freunde hatten Mühe, sich dem heftigen Pusten entgegenzustemmen. Eine Wolke bunter Blätter löste sich und tanzte in wilder Ausgelassenheit, angefeuert von den Windböen, zu Boden. So plötzlich wie der Wind gekommen war, legte er sich auch wieder. Die Bäume verabschiedeten sich voneinander und jeder ging seiner Wege. Am nächsten Morgen aber wunderten sich die Vögel und vereinzelte Spaziergänger, deren Weg an Eduard von Eichenwald vorbei führte, über die bunt gemischte Blätterpracht von Buche, Ahorn, Birke und Kastanie, die wie ein Teppich den Boden um die alte Eiche schmückte.

*Annemarie Stollenwerk*

## Ahnen-Galerie

Wir widmen den Bäumen eine „Ahnengalerie". Wir zeichnen die jeweilige Blattform unseres Lieblingsbaumes als Kontur auf ein großes Blatt. Mit den dazugehörigen Blättern (trocken oder frisch) füllen wir die Kontur, indem wir sie aufkleben, zusätzlich kleine Äste und Rindenstücke einarbeiten und ein Gesicht aufkleben oder aufzeichnen. Wir rahmen die Bilder ein, hängen sie nebeneinander auf und versehen sie mit Namensschildern, die den jeweiligen Baum erkennen lassen.

# 5 Element Wasser

## Wasser, das vom Himmel fällt

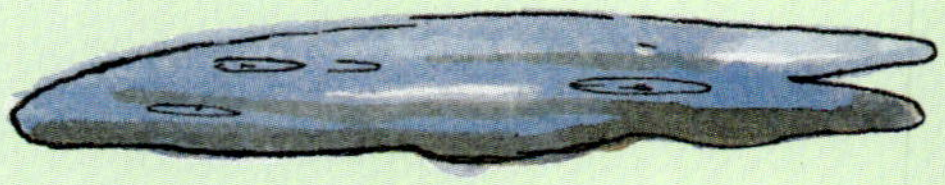

### Unterm Regenbogen

***Im Herbst türmen sich riesige Wolkengebilde am Himmel auf. Die Zeit der aufregenden, imposanten Wolkenbilder, mit großen einsetzenden Regenfällen, beginnt. Die zum Teil ergiebigen, andauernden Niederschläge erinnern im Herbst auch schon mal an sintflutartige Wassermassen, die vom Himmel auf die Erde stürzen. Besonders an Flüssen und in Küstenregionen lösen sie immer wieder Schrecken vor Sturmfluten und Hochwasser aus. In unserer naturwissenschaftlich orientierten Zeit mystifizieren wir zwar nicht mehr das Element Wasser, weil wir ihm nicht mehr schutzlos ausgeliefert sind, aber die Erzählung alter Wassermythen weckt unsere Sinne und unsere Phantasien mit ihren Symbolen und eindrucksvollen Bildern.***

#### Eine Brücke über den Himmel

Erzählen Sie den Kindern vom Regenbogen, der entsteht, wenn die Sonne in den hinabfallenden Regen scheint und sich die vielen Farben des Sonnenlichts in den Wassertropfen aufbrechen und sichtbar werden. Welches sind die Hauptfarben? Sicher wird es in diesem Herbst auch wieder einen Regenbogen am Himmel geben, auf den wir alle gespannt warten. Erzählen Sie den Kindern die Geschichte von den Engeln, die über die Regenbogenbrücke vom Himmel auf die Erde laufen und am Ende des Regenbogens eine Schüssel mit Goldschätzen für die Menschen fallen lassen. Leider konnten die Menschen das Gold am Ende des Regenbogens bisher nur blinken und glitzern sehen. Kein Mensch konnte es bisher ausgraben. Ahnen die Kinder, warum noch kein Mensch den Goldschatz finden konnte? Weil der Regenbogen mit uns „wandert“, wenn wir ihm entgegenlaufen.

#### Unter dem Regenbogen stehen

Wir bauen für unseren Raum gemeinsam einen Regenbogen, den wir von der Decke hängen, unter dem wir stehen und hindurchgehen können.
Dazu benötigen wir eine lange Tapetenbahn, die wir zuerst mit den Kindern in den Regenbogenfarben mit Fingerfarbe ausmalen. Wenn sie getrocknet ist,

befestigen wir an den beiden Längsseiten der Rückseite ein Band oder eine Kordel mit Klebestreifen. Dann können wir an der Kordel noch mehrere Fäden befestigen, die wir an die Decke hängen, bis unsere Tapetenbahn in einem schönen Bogen von der Decke hängt und wir die Regenbogenfarben von unten betrachten können. Dort, wo unser Regenbogen den Boden berührt, können die Kinder gebastelte Goldschätze aus Gold- oder Metallfolie an den Regenbogen anhängen, z. B. goldene Ringe und Ketten, Kronen und Taler.

## Regentropfen-Wasserkreise-Tanz

Wenn Regentropfen in Pfützen fallen, entstehen Wasserkreise. Es bilden sich Wellen mit Ringen, die sich gleichmäßig vom Mittelpunkt aus nach außen hin kreisförmig ausbreiten. Da immer viele Wassertropfen gleichzeitig in die Pfütze fallen, berühren sich die vielen Wasserkreise und es entstehen neue Kreisformen, bis die Wasseroberfläche sich vollkommen beruhigt, wenn der Regen aufhört.
Diese Wasserkreise sind schön anzusehen, ihre Betrachtung hat immer etwas Beruhigendes.

- Wir können Kindern diese Wasserkreise bei Regen zeigen oder wenn wir einen kleinen Stein in eine Pfütze werfen.
- Später können wir auf trockener Straße die Wasserkreise mit Straßenkreide nachmalen. Es entstehen kreisrunde Hüpfkästchen, zu denen wir uns nur noch ein paar Hüpfregeln ausdenken müssen.
- Wir können mit vielen Kindern zusammen einen Regentropfen-Wassserkreise-Tanz tanzen. Wir bilden vier bis fünf Kreise, die sich von innen nach außen vergrößern. In der Mitte stehen zum Beispiel zwei Kinder, die sich in Kreisform an den Händen halten. Es stellen sich vier Kinder in Kreisform um die zwei Kinder herum, dann sechs Kinder, dann acht Kinder usw. Wir können in gleicher Kreisrichtung unseren Regentropfen-Wasserkreise-Tanz tanzen oder entgegengesetzt.

### Von der Sintflut – ein alter Wassermythos

Das Element Wasser hat wegen seiner unbezwingbaren Kraft und Unberechenbarkeit die Phantasien der Menschen aller Kulturen bewegt. Und so entstanden überall auf der Erde Wassermythen, Sagen und Märchen, in denen die Menschen ihren Erfahrungen mit Wasser Ausdruck verliehen.
Das mythische Bild der Sintflut finden wir in verschiedenen Kulturen wieder, bis in die Zeit der frühesten Dichtung der Menschheit von vor etwa 4000 Jahren – der Zeit des babylonischen Gilgamesch-Epos. Gilgamesch, ein babylonischer König, will ins Land der Seligen gelangen. Er muss die Wasser des Todes, ein unermessliches Meer, überqueren. Er wendet sich an seinen Ahnherren Utnapischtin, der ihm von seiner Unsterblichkeit durch die Sintflut erzählt, die Urgeschichte von Sünde und Rettung. Die Sintflut als Symbol der Verwandlung und Reinigung der menschlichen Seele ist in der biblischen Geschichte von Noahs Arche ebenso zu finden wie in der griechischen Sintflutsage, in der Zeus, der Göttervater, versucht, das Menschengeschlecht zu verderben. Auch hier bauen sich Menschen auf den Rat von Prometheus ein Schiff, das die Menschheit vor der Sintflut rettet. In vielen Sintflutsagen zeigt am Ende ein Regenbogen die neue Verbindung zwischen Himmel und Erde. „Meinen Bogen habe ich gesetzt in die Wolken, der soll das Zeichen sein des Bundes zwischen mir und der Erde" (aus 1. Buch Mose, Genesis 9, 13).

# Kleine Welt - große Welt

## Pfützenlandschaften

### Die Regensburg: Unser Wasserschloss

In der Mitte unseres Erlebnisparks gibt es ein altes Wasserschloss – die Regensburg. Um dieses Wasserschloss rankt sich so manche alte Gruselgeschichte. Wir können die Regensburg nicht betreten. Sie ist im Besitz des Wassergeistes Poseidon, der dort mit seiner Frau und seinem Sohn lebt. Poseidon wacht über sein Wasserschloss mit seinem Dreizack. Er verscheucht alle, die bei ihm eindringen wollen. Gegen Fische und Schiffe auf dem Pfützensee hat Poseidon jedoch nichts einzuwenden. Wir bauen aus alten metallisch glänzenden Konservendosen ein Wasserschloss mit vielen Türmen. Natürlich basteln wir auch unseren Wassergeist Poseidon, der mit seinem Dreizack auf der Regensburg thront. Damit Poseidon auch so glänzt wie unsere Wasserburg, bauen wir ihn ebenfalls aus kleineren Konservendosen. Mit kleinen Drahtstücken, die wir als Haare in den Dosenkopf stecken, bekommt er ein wildes, ungezähmtes Aussehen. Den Mund formen wir aus Draht in Zick-Zack-Form. Die Augen sind aus glitzernden Perlen – ebenfalls auf Draht gesteckt. Den Dreizack formen wir aus Draht, den wir mit Alufolie umwickeln.

Tiefe weite Pfützen, die sich im Herbst besonders häufig auf großen Feldern und Äckern wegen starker Niederschläge und großer Wassermengen ansammeln, erinnern an kleine Seen. Die entscheidende Frage, die sich für Kinder jeden Alters stellt, ist die Frage der Tiefe einer Pfütze. Langsam tasten wir uns an solche kleine Wasserseen heran, werfen Steine und Stöcke hinein und schätzen, wie weit uns das Wasser reichen könnte: bis zu den Knien vielleicht? Wir sollten solche Pfützen wegen ihrer ungewissen Tiefe und ihrem matschigen Untergrund nicht mit kleinen Kindern durchwaten. Aber wir können einen Erlebnispark aus einem riesigen Pfützensee bauen.

## Wer war Poseidon?

Poseidon, der Meeresgott, war in der griechischen Mythologie einer der zwölf olympischen Götter. Er lebte mit seiner Frau, der Meergöttin Amphitrite, und seinem Sohn Triton, dem Schlangenmann, in einem mächtigen Palast auf dem Meeresgrund. Poseidon hatte ein aufbrausendes, wildes Wesen und so war auch seine Erscheinung. Der Dreizack war das Symbol seiner Macht über das Wasser. Die drei Zacken symbolisieren die zeitliche Abfolge von Vergangenheit, Gegenwart und Zukunft. Als Herrscher über das Auf und Ab der Wellen, verkörperte Poseidon auch das Auf und Ab des menschlichen Lebens.

Er saß in seinem Wagen, der von Pferden mit glänzenden Hufen gezogen und von Delfinen begleitet wurde. Wenn Triton in sein Muschelhorn blies, zog Sturm über den Wassern auf. Mit seinem Dreizack, dem Symbol seiner Macht über das Wasser, konnte Poseidon die Fluten erregen oder die Wellen besänftigen. Berührte Poseidon mit seinem Dreizack die Erde, sprudelten Wasserquellen. Poseidon war aber nicht nur aufbrausend wild. Er konnte auch sanftmütig sein wie das Meer. Er hatte ein Herz für Seeleute in Not, denen er half.

*aus der Griechischen Mythologie*

## Mit dem Boot auf großer Fahrt

Unter einem Kastanienbaum finden wir unzählig viele Kastanien und stachelige Kastanienschalen, die wir vorsichtig aufheben und in unsere tiefe Pfütze legen können. Dort lassen wir die Kastanienschalen als Boote fahren. Unsere Kapitäne sind kleine bemalte Kastanien, die wir vorsichtig in die Schalenschiffchen legen.

## Pfützenangeln

Wir können mit den Kindern in unserem Pfützensee Pfützenfische angeln. Dazu benötigen wir Angelstöcke mit einer Kordel und einen aus Moosgummi gebastelten Fisch, den die Kinder an der Angel in der Pfütze schwimmen lassen.

## Gedicht vom Pfützenfisch

Es war einmal ein Pfützenfisch,
der sprang der Lies vom Mittagstisch.
Er wollte nicht verspeiset werden
und dachte sich, ich muss mich wehren.
Und weil kein Schiff vorbeigekommen,
ist Liesens Fisch in die Pfütze geschwommen.
Dort schwimmt er jetzt tagaus, tagein.
Froh ist er, aber leider allein!

*Regina Bestle-Körfer*

## Rindenschiff mit Kerzenmotor

In ein Papierquadrat werden, einen Zentimeter vom Rand entfernt, zwei gegenüberliegende Löcher gestochen. Wir stecken einen Zahnstocher durch die Löcher und bohren eine Spitze des Zahnstochers in ein Stück Rinde. Hinter das Segel stellen wir ein brennendes Teelicht und unser Rindenschiff fährt mit Kerzenmotor in unserer großen Pfütze.

## Die Flaschenpost im Pfützensee

Die Kinder malen Bilder oder schreiben kleine Botschaften auf Zettel, die wir jeweils in eine verschließbare Flasche füllen. Jedes Kind wirft seine Flaschenpost in den Pfützensee. Die Flaschen schwimmen durcheinander und wir beginnen, Flaschen zu angeln. Von wem habe ich eine Botschaft erhalten?

# Plitsch, platsch

## Pfützenkönige und Ungeheuer

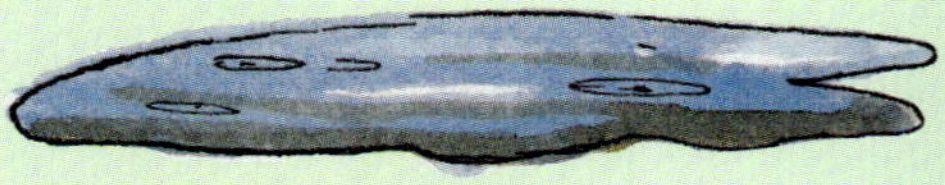

Wasser ist kostbar. Wasser brauchen wir überall zum Leben und Überleben. Es ist der Urquell des Lebens, der „Stoff, durch den wir sind". Wasser ist das erste Element, das Kinder im Mutterleib erleben. Wenn Kinder mit Wasser in Berührung kommen, können wir an ihren Gesichtern und entspannten Körpern sehen, dass sie in ihrem Element sind, wie magisch sie vom Wasser angezogen werden. Wasserspiele sind in allen Jahreszeiten beliebt, im Herbst natürlich mit Gummistiefeln und Regenjacken und -hosen, denn im Herbst wartet an jeder Ecke eine Pfütze auf ein Kind.

### Ein Regenspaziergang

Es gibt viel zu hören, zu sehen, zu riechen, zu fühlen, wenn wir im Regen spazieren gehen. Da spritzen Regentropfen in unser Gesicht, auf unsere Hände und auf den Boden. Es gibt große und kleine Spritzer, die sehen lustig aus und sie machen plitschige Geräusche. Alles Nasse – Dächer, Asphaltstraßen und Autos – überzieht ein Glanz. Farben werden im Nassen kräftig und leuchtend, sodass unsere Regenjacken bunt schillern. Pfützen werden zu bewegten Spiegeln, in denen wir uns betrachten können.

### Pfützengedicht

Hab meine Gummistiefel angezogen.
Heut lauf ich bis zum Regenbogen.
Und der Regen plitscht und platscht,
der Garten schwimmt im Regenmatsch.
Ein Schmatzen, ein Blubbern,
meine Stiefel, die schlubbern.
Mittenrein, mittenrein,
mitten in die Pfütz hinein.
Einmal Pfützenkönig sein!

*Regina Bestle-Körfer*

### Pfützenkönig

Wir bilden Gruppen mit jeweils drei bis fünf Kindern. Jedes Kind einer Kleingruppe ist mit Gummistiefeln und einer Regenjacke bekleidet. Sie stehen hintereinander in einer Reihe und für jede Kleingruppe liegen ein Südwester, ein Becher und ein Regenschirm bereit. Auf ein Startzeichen setzt sich jeweils das erste Kind einer Mannschaft den Südwester auf, nimmt den aufgespannten Regenschirm in die eine und den Becher in die andere Hand. Dann läuft es durch den Regen zu einer vorher aufgestellten Wasserschüssel, die unsere Pfütze darstellt, oder zu einer echten großen Pfütze und schöpft einen Becher voll Wasser heraus. Es läuft zurück zu seiner Gruppe und schüttet das Wasser in einen Eimer oder in einen Messbecher.

Nun übergibt es Südwester, Regenschirm und Becher an das nächste Kind, das wiederum durch den Regen läuft, um Regenwasser zu schöpfen. Die Kinder, die zuerst einen Liter Regenwasser gesammelt haben, sind Pfützenkönige und erhalten eine goldene Krone mit aufgeklebten Wassertropfen. Alle anderen Kinder bekommen ebenfalls Prinzen- und Prinzessinnenkronen aufgesetzt, denn alle haben sich sehr angestrengt.

## Farbregen

Eine Technik, welche die gestalterische Kraft des Herbstes erlebbar werden lässt, ist das Ausgießen von Farbe über eine transparente Abdeckfolie oder große Bahnen von Packpapier. Diese lassen wir draußen an einem Geländer oder Klettergerüst leicht gestrafft auf den Boden hängen. Wir stellen Becher mit verschiedenen Herbstfarben bereit, die nicht zu dünnflüssig sein sollten. Die Kinder dürfen dann von oben ihre Farbe ausgießen und dem Verlaufen der Herbstfarben nachschauen und nachspüren. Wir können unten Pfützenwannen zum Auffangen der Farbe aufstellen und beobachten, wie Mischfarben entstehen. Wir entdecken, dass alle Farben zusammengemischt ein matschiges erdiges Braun ergeben. Zum Malen von braunen Erdebildern ist unser aufgefangener Farbregen weiter verwendbar.

## Zaubermaler Herbst

Stellt euch vor, wir sind der Herbst und ziehen mit einem großen Farbkasten nach draußen. Überall tupfen, spritzen und kleckern wir bunte Farben an Bäume und Sträucher, auf Wege und Wiesen, an die wir zuvor große Papierbögen angeheftet oder ausgebreitet haben. Wir hinterlassen herbstliche Farbspuren. Es stehen Wasserfarben bereit, verschiedene Pinsel und außerdem große Gefäße mit Wasser, damit die Farben sich gut kleckern und spritzen lassen. Wir können auch großformatige alte Kalenderblätter oder Kopien von Wäldern, Stadtansichten, Parks und Gärten auf dem Boden ausbreiten, auf denen nach Herzenslust gemalt werden darf, bis der Herbst auch dort erkennbar Einzug gehalten hat.

## Pfützenungeheuer Balduin

Was schwimmt denn hier
für ein Tier?
Es wabbelt und sabbelt,
es kribbelt und krabbelt.
Die Pfütze, sie schäumt,
oder hab ich geträumt?
Hast du es noch nicht gehört?
Das kann nur Balduin
das Pfützenungeheuer sein.
Balduin ist wabberig und klein.
Jetzt rat ich dir,
siehst du die nächste Pfütze schäumen,
fang nicht lange an zu träumen.
Spring einfach hinein!

## Pfützenungeheuer vertreiben

Mit Seifenblasen oder etwas Spülmittel schäumen wir Pfützen auf und stellen uns vor, dass dort Balduin, das ekelige, schwabbelige Pfützenungeheuer schwimmt. Die Kinder können Balduin vertreiben, indem sie die Pfütze leer treten.

# Wir sitzen im Trockenen

## Wasserexperimente drinnen

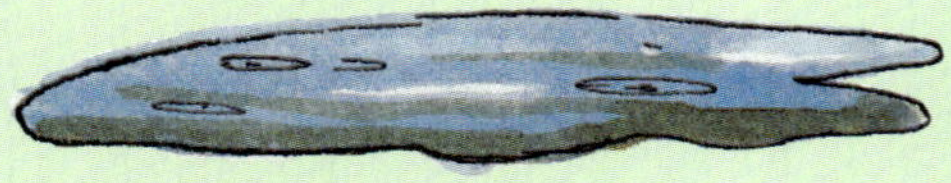

*Es regnet, es regnet,*
*der Kuckuck wird nass.*
*Wir sitzen im Trocknen,*
*was schadet uns das?*

### Wir bauen einen Wasserberg

Wir füllen ein trockenes, sauberes Glas randvoll mit Wasser. Nun rätseln wir, ob wir noch etwas ins Wasserglas hineinwerfen könnten, ohne dass es überläuft. Mit ein wenig Zauberkraft und dem richtigen Zauberspruch kann es uns vielleicht gelingen, einen Wasserberg zu bauen. Dazu benötigen wir einige Geldmünzen und lassen sie vorsichtig ins Wasser gleiten. Wir werden erstaunt sein, wie gut unser Zauberspruch gewirkt hat, und wir wundern uns, wie viele Münzen das Wasserglas aufnimmt. Das Wasser wölbt sich über dem Glas, ohne überzulaufen.

Warum?: Das Wasser hat eine Haut, die aber sehr empfindlich ist. Schon ein wenig Spülmittel reicht aus, um die Wasserhaut zu zerstören.

### Wasser ist stark

Wer kann glauben, dass Wasser so stark ist, dass es Erbsen aus einem Glas Wasser werfen kann? Wir probieren es zusammen aus!

Zuerst füllen wir ein Glas randvoll mit getrockneten Erbsen. Dann gießen wir das Glas zu zwei Dritteln mit Wasser auf. Wenn wir mehrere Gläser mit Erbsen und Wasser gleichzeitig füllen und sie auf ein Metalltablett oder ein Backblech stellen, werden wir mit ein wenig Geduld im Laufe der Zeit ein lustiges Wasser-Erbsen-Musik-Konzert erleben.

Warum?: Die getrockneten Erbsen saugen Wasser auf, sie quellen und werden größer und größer. Jetzt versuchen die unteren Erbsen, mehr Platz im Glas zu bekommen, und drücken die Erbsen, die oben liegen, über den Glasrand. Diese springen hinaus, fallen auf das Metall und erzeugen klingende Pling-Töne.

### Regenmusik

Auch Wassertropfen machen Musik. Fallen Regentropfen auf einen Metallboden, klingt es laut und scheppernd. Fallen sie in Wasser, ist ein sanftes Plätschern zu vernehmen. Fallen sie auf eine Wiese, hören wir dies kaum. Geht der Regen auf Beton nieder, klingt dies ...?

Mit einem Kassettenrekorder lassen sich Regengeräusche gut aufnehmen und sammeln. Wir erfinden Regenworte und singen sie mit unseren aufgezeichneten Regengeräuschen zusammen.

## Ein Regenworte-Lied

Klitsch, klatsch,
plitsch, platsch.
Schlubb, lubb,
glubb, blubb.
Hop di plop,
kling, pling,
ding, ding.
Boing, bang,
sing, sang.

## Wassertropfen-Wettrennen

Wenn die Herbstwolken sich so richtig ausschütten und der Herbstwind den Regen mit Schwung gegen eine Fensterscheibe schleudert, können wir ein Wassertropfen-Wettrennen an einer Fensterscheibe beobachten. Wir suchen uns einen Wassertropfen aus und verfolgen seinen Lauf am Fenster hinunter mit den Augen. Unser Wassertropfen rutscht zunächst langsam hinab, findet dann aber Tropfenfreunde, mit denen er sich vereinigt und gemeinsam weiterrutscht. Dabei wird unser Wassertropfen immer größer und schneller. Vielleicht können wir ihn mit unserem Finger begleiten. Wer schafft es, zwei Regentropfen gleichzeitig mit einem Finger jeder Hand zu verfolgen? Welcher Tropfen ist der Schnellere?

## Regentropfen, die auf meine Schultern klopfen

Viele Kinder stellen sich hintereinander in Kreisform auf. Alle Kinder stellen sich vor, wie eine dunkle schwarze Herbstwolke über ihnen schwebt und zu tröpfeln beginnt. Jedes Kind klopft leicht auf die Schulter des vor ihm stehenden Kindes. Geben Sie den Kindern die Anweisung, mit den Fingerkuppen zu klopfen und die Regenschauer so sanft wie möglich auf die Schulter tropfen zu lassen, damit sich alle vom Regenschauer erfrischt fühlen.

## Rücken-Wassertropfen-Massage

Zwei Kinder bilden ein Pärchen und setzen sich hintereinander. Wir stellen uns vor, der Rücken des vorderen Kindes ist eine Fensterscheibe, auf die der Regen prasselt. Das hintere Kind spielt mit seinen Fingerkuppen die vielen Tropfen, die auf dem Rücken niedergehen. Wir können auch das Wassertropfen-Wettrennen auf dem Rücken nachspielen, sofern die schnellen Rutschbewegungen dem massierten Kind angenehm sind.

## Wir sind eine Wolke

Bei diesem Bewegungsspiel sind alle Kinder kleine Wolken, die über den blauen Herbsthimmel ziehen. Die Kinder sollen darauf achten, dass sie alle in gleicher Laufrichtung laufen, weil die Wolken am Himmel auch in die gleiche Richtung ziehen. Dazu bestimmen wir ein Wolken-Piloten-Kind, das voranläuft. Jeder darf einmal Wolken-Pilot sein. Es finden sich immer wieder andere Wolkenformen, die zusammen eine Wolke bilden. Dabei geben wir den Kindern vor, zu wie vielen sie sich zusammenfinden sollen. Jede Kinderwolkengruppe darf überlegen, wie sie sich zusammen vorwärts bewegen: indem sie sich an den Händen halten, sich umarmen oder die Hände über die Schultern legen usw. Zum Schluss wird die Wolke immer größer, bis sich alle Kinder aneinander festhalten und wie eine schwere Wolke langsam über den Himmel ziehen. Auf ein Trommelzeichen gibt es einen großen Donner am Himmel und die schwere Kinderwolke regnet sich aus. Alle Kinder lassen sich wie Regentropfen auf die Erde fallen und ruhen sich in einer großen Pfütze aus.

## Über den Kreislauf des Wassers

Wasser ist ständig in Bewegung. Es bewegt sich vom Meer über die Wolken zum Land und wieder zurück. Die Wassermengen auf der Erde bleiben immer gleich. Die Sonne gehört unentbehrlich in diesen Wasserkreislauf hinein. Sie verdunstet das Wasser auf der Erde, lässt es in unsichtbaren Tropfen zum Himmel aufsteigen, wo sich neue Wolken bilden, die als Regen zur Erde fallen, wenn sie groß und schwer geworden sind.

## Die Regentropfengeschichte von Billi Tropfenklein

Das ist Billi Tropfenklein. Er wohnt mit seiner Familie im Wolkenhaus Nummer 5 am Osthimmel. Das ist Billis große Schwester Lilli. Sie geht in die 2. Klasse der Wolkenschule. Lilli freut sich riesig auf den Herbst. Das ist Billis großer Bruder Pauli. Er ist gerade auf der Wolkenwiese und hilft das Wolkenkarussel aufbauen. „Für die große Windsause“, sagt Pauli. Das ist Topper, der Lehrer aus der Regentropfenschule. Er soll die Tropfenkinder auf die große Windsause zur Erde vorbereiten. Topper fliegt nicht mehr mit zur Erde, weil er schon älter ist und immer so einen Schwindel im Kopf bekommt, vom großen Wirbeln.

Es ist Abend. Im Wolkenhaus Nummer 5 sitzt Familie Tropfenklein am Abendbrottisch. Mama Tropfenklein, Papa Tropfenklein, Billi, Lilli und Pauli. Pauli spuckt große Töne: „Ich bin fit wie ein Hagelkorn. Morgen kann es losgehen, das spüre ich in meinem Regenbeutel.“ Lilli lacht über Pauli. „Dann schläfst du am besten in der Tiefkühltruhe, damit dein Regenbeutel auch eiskalt und schwer wird. Ich freue mich aufs Schweben, wie eine Tänzerin“, schwärmt Lilli.

Im Wolkenradio ertönt der Wetterbericht. „Ein Tief über dem Atlantik bringt ein Sturmtief an den Osthimmel. Heute nacht dreht sich der Wind und wir können schon morgen Mittag mit Windstärke zwölf rechnen.“

Billi macht ein trotziges Gesicht. „Ich will nicht mit dem Windkarussel zur Erde sausen. Das ist mir zu schnell und zu weit und zu wirbelig.“

Papa Tropfenklein streicht Billi über den Tropfenkopf. „Jeder Anfang ist schwer, Klein-Billi, aber runter kommen alle, und natürlich wieder hinauf. Du wirst mein drittes Regenwirbelkind und ich werde stolz auf dich sein.“

Am nächsten Morgen singen alle Tropfenkinder das Lied „Der Herbst, der Herbst, der Herbst ist da. Er bringt uns Wind heihussassa“. Sie sitzen aufgeregt in ihren Schulbänken. Lehrer Topper fragt Billi, Lilli und Pauli und die anderen Tropfenkinder: „Auf welchem Sturmvogel möchtest du sitzen, und du, und du ...?“ Lilli entscheidet sich für die schwarze Amsel, Pauli für den großen Seeadler und Billi für den kuschelig weißen Storch. Alle Tropfenkinder rennen zur Wolkenwiese, nur Billi nicht. Er schlurft hinter Mama Tropfenklein her. Mama Tropfenklein gibt Lilli und Pauli und Billi einen feuchten Regenkuss. Sie hebt Billi auf den Storch und flüstert ihm zu: „Bis später, mein kleiner Wirbelschatz.“ Wind kommt auf am Osthimmel, zuerst eine kleine Brise. Das Wolkenkarussel beginnt sich zu drehen, zuerst langsam, dann immer schneller, wie der Wind, aus dem ein Herbststurm geworden ist.

Das große Wirbeln beginnt. Die Tropfenkinder verlassen mit ihren Sturmvögeln die Wolkenwiese

und wirbeln hinab zur Erde. Billi mag gar nicht nach unten schauen. Er vergräbt seinen Kopf tief in den weißen Storchenfedern. Einige Tropfenkinder wirbeln an Billi vorbei. Sie haben ihren Sturmvogel verlassen, um die Windrutsche auszuprobieren. Da ruft Pauli im Vorbeisausen: „He, Billi, kommst du mit auf die Windrutsche? Tolles Kribbeln im Regentropfenbauch!“ Auch Lilli hat ihren Sturmvogel verlassen und dreht eine Luftpirouette auf einem Ahornsamen. „Sie sieht sehr schön aus“, findet Billi. „Lilli wird bestimmt einmal eine berühmte Tropfentänzerin.“

Billis Storch rappelt und zappelt durch die Luft, bis er plötzlich mitten in einer großen Regenpfütze landet. Mit seinen langen Storchenbeinen tritt er mindestens auf siebenundzwanzig Tropfenbäuche und aus der Pfütze ertönt ein Schimpfen und Klagen. Der Storch schüttelt sich kurz, murmelt ein undeutliches „Tsuldigung“ und Billi rutscht aus dem kuschelig weißen Federkleid mitten in die Pfütze hinein. Plumps, jetzt ist Billi Tropfenklein zum ersten Mal auf der Erde gelandet. Uff, geschafft, Klein-Billi. „Danke, lieber Storch!“

Alle Tropfenkinder, auch Billi, Lilli und Pauli, warten nun ungeduldig auf die Sonne, die sie mit ihrem Sonnenaufzug wieder hinauf zum Osthimmel ziehen wird. Heute lässt die Sonne bis zum Abend auf sich warten und so plätschern die Tropfenkinder durch die Pfütze. Sie rudern bäuchlings und rücklings, sie purzeln und spritzen, sogar Billi planscht mittendrin im Pfützensee.

Dann ist es endlich soweit. Die Sonne taucht zwischen den Himmelswolken auf und schickt ihre Strahlen zur Erde.

Lilli zieht Billi aufgeregt an der Hand aus der Pfütze. „Schau, Billi, die Sonne kommt. Sie bringt uns nach Hause zurück.“ Viele Türen öffnen sich für viele Regentropfenkinder, die wieder zu ihrem Wolkenhaushimmel zurücksausen wollen. Lilli und Billi und Pauli besteigen den gleichen Sonnenstrahlenaufzug. Der Sonnenliftboy, ein Sonnenkind mit gelbem Anzug und gelber Kappe, drückt auf Wolkenhaus Nummer 5, dort wo Lilli, Billi und Pauli wohnen. Und dann geht es ab hinauf zu Mama und Papa Tropfenklein. Als sich der Sonnenstrahlenaufzug öffnet, stehen da, mit einer großen Himmelsschüssel voll Wolkeneis, Mama und Papa Tropfenklein. Alles ist, wie es vorher war, und Billi, Lilli, Pauli und der gelbe Sonnenliftboy freuen sich über die riesengroße Portion Wolkeneis, die am Tag des Sonnenaufzugs immer himmlisch schmeckt.

*Regina Bestle-Körfer*

## Regentropfentheater

Wir basteln jede Figur der Regentropfengeschichte aus flattrigem Seidenpapier, befestigen sie an Fäden. So können wir die Erzählung von Billi Tropfenklein und seinen Geschwistern als Marionettenspiel in einem selbst gestalteten Pappkartontheater nachspielen.

# Alles ist verschwunden

## Nebelgespenster

Nebel ist charakteristisch für den Herbst, wenn die Luft nicht mehr warm genug ist, um die Feuchtigkeit aufzunehmen. Frühnebel entsteht, wenn die noch laue Luft mit dem kalt werdenden Boden zusammentrifft. Nebel ist eine Wolke, die über der Erde schwebt. Kinder fasziniert das Phantastische und Unheimliche des Nebels. Alles sieht fremd aus, vertraute Häuser, Wege und Bäume sind nicht in gewohnten Entfernungen zu sehen. Manchmal ängstigt Kinder die milchige Luft, weil sie sich schwer orientieren können: „Mama, finden wir den Weg nach Hause?“ Wenn die Sonne sich einen Weg durch die dichten Nebelschwaden bahnen konnte, trocknet die feuchte Luft, sie verdunstet. Die Nebelwolken werden zum Himmel gezogen, die Luft wird wieder klar. Nach einer Wetterregel ergibt steigender Nebel Regen und fallender Nebel Sonnenschein.

### Die Nebelgespenster

Alles ist weg, wo ist die Heck?
Alles ist weg, ich hab einen Schreck!
Das sind die Nebelgespenster, huhu.
Sie krabbeln und wabbern
an unserm Fenster, huhu.

Alles ist weg, wo ist das Haus?
Alles ist weg, wo ist die Maus?
Das sind die Nebelgespenster, huhu.
Sie krabbeln und wabbern
an unserm Fenster, huhu.

Alles ist weg, wo ist der Baum?
Alles ist weg, ist es ein Traum?
Das sind die Nebelgespenster, huhu.
Sie krabbeln und wabbern
an unserm Fenster, huhu.

*Regina Bestle-Körfer*

## Vorsicht Nebelgespenster!

Mit weißen Tüchern und Bettlaken verkleiden wir uns als Nebelgespenster und wer mutig ist, läuft als Nebelgespenst durch den Nebel. Wir bedecken einen Strauch, einen großen Stein, den Sandkasten usw. im Nebel mit weißen Tüchern und lassen sie verschwinden. Sie wurden von den Nebelgespenstern weggezaubert und in die Gespensterwelt mitgenommen.

## Nebel-Brillen basteln

Wir können Nebel-Brillen basteln und Nebel auch an hellen Tagen vor unserem Auge erzeugen. Dazu basteln wir Brillen aus Pappe, bemalen sie gespenstisch mit Spinnenweben und Gespenstern und als Brillengläser kleben wir die milchige Folie von Frühstückstüten hinein. Aber Vorsicht! Diese Brillen sind sehr nebelig! Wir können nur schemenhaft sehen und brauchen jemanden, der uns führt und aufpasst, dass wir nicht stürzen.

## Nebelgespenster-Tüten

In eine milchige Frühstücksplastiktüte kleben wir einen hellblauen Himmel aus Transparentpapier. Die Kinder schneiden Gespenster aus weißem Tonpapier aus und bemalen das Gesicht mit einem leuchtenden Filzstift. Am Gespensterkopf wird ein dünner Faden verknotet. Die Nebelgeister werden dann mit Klebestreifen an den Himmel in der Tüte geklebt. In die Tüten können noch ausgeschnittene Bäume, Häuser und Autos geklebt werden, sodass – von außen betrachtet – eine milchige Nebellandschaft in der Tüte entsteht. Die Tüten werden aufgepustet und zugebunden, sodass keine Luft entweichen kann. Mit den Gespenster-Tüten können Luftspiele gespielt werden. Mehrere Gespenster-Tüten nebeneinander aufgehangen ergeben ein Gespenster-Nebel-Mobile.

## Nebelhorn-Spiel

Schiffe auf dem Meer verständigen sich im Nebel mit einem laut dröhnenden Nebelhorn, damit sie nicht zusammenstoßen. Wir wollen mit unserem Nebelhorn, das wir aus einem Stück Gartenschlauch mit einem aufgesteckten Trichter basteln, die Nebelgespenster draußen verjagen. Zum Nebelgespenster-Verjagen bieten sich noch Nebel-Klappern und Nebel-Rasseln aus der Instrumentenkiste an. Wie laut ist der Nebel? Hören sich Geräusche an wie immer? Oder schluckt der Nebel nicht nur Licht, sondern auch Töne?

## Verschollen im Nebel

Ausgerüstet mit unserem Nebelhorn und einem großen weißen Betttuch begibt sich eine mutige Kindergruppe hinaus in den Nebel. Sie verstecken sich irgendwo unter ihrem weißen Betttuch und stoßen, wie ein Schiff im Nebel, einen Ton aus ihrem Nebelhorn aus. Eine zweite Kindergruppe macht sich auf den Weg in den Nebel, um die verschollenen Kinder zu suchen.

## Nebelexperiment

Unser Nebelexperiment findet draußen in der Sonne statt. Dazu stellen wir auf eine befeuchtete Glasplatte eine durchsichtige Käseglocke oder eine umgedrehte Glasschüssel mit glattem Rand. Wir beobachten, wie die Sonne die feuchte Glasplatte trocknet und dabei die kleinen Wassertropfen nach oben zieht. Da die Wassertropfen unsichtbar sind, wenn sie nach oben zum Himmel steigen und dort neue Wolken bilden, fangen wir sie in unserem Experiment unter der Käseglocke ein und machen sie sichtbar. Die Sonne zieht auch die Wassertropfen in der Käseglocke an. Da sie aber nicht in die Luft entweichen können, bleiben sie an der Käseglocke hängen und erzeugen Nebel.

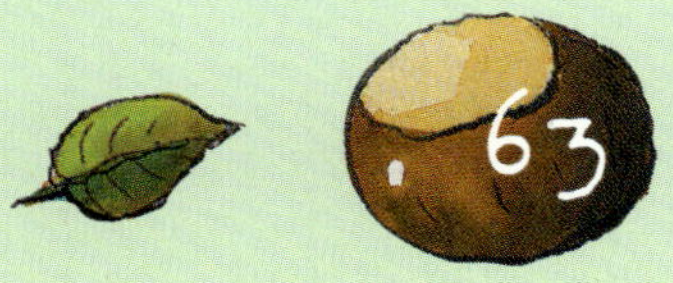

# 6 Element Feuer

## Feuer und Flamme

### Brennende Augenblicke

***Jahrtausende lang waren die Menschen mit dem Feuer als lebensnotwendigem Element tagtäglich eng verbunden. Es bot ihnen Schutz vor den Gefahren der Wildnis, brachte ihnen Wärme und Licht und damit Unabhängigkeit vom „Sonnenfeuer" am Himmel. Unsere Feuererfahrungen mit Herd, Backofen und Zentralheizung sind weit entfernt vom elementaren und faszinierenden Erlebnis des offenen Feuers. Und trotzdem ist Feuer gerade für Kinder ein „heißes" Thema, von dem sie sich magisch angezogen fühlen. Im spielerischen und ausdrücklich erlaubten Umgang mit dem Feuer ermöglichen wir Kindern, sich von der Faszination des Feuers anstecken und begeistern zu lassen und öffnen dabei die Tür zu einer sinnlichen Abenteuerwelt, die auch die Gefahr des Feuers immer im Blick hat. Der Herbst bietet eine Vielzahl von Anlässen, sich dem Feuer zu nähern und „feurige" Augenblicke zu erleben.***

**Feuer!**

Wer hat das Feuer angesteckt?
Wer hat die Flammen aufgeweckt?
Ein Knistern und Knacken,
ein Tanzen im Kreis,
und an meinen Wangen kitzelt es heiß!
Leuchtende Flammen erhellen das Dunkel,
erwidern das nächtliche Sternengefunkel.
Ein winziger Funke hat genügt,
und jetzt lodert das Feuer warm und vergnügt!

*Annemarie Stollenwerk*

#### Feuererlebnisse

Draußen überlegen wir gemeinsam, was wir vom Feuer wissen. Wo haben wir schon einmal Feuer gesehen oder erlebt? Was war das für ein Feuer? Ein Gartenfeuer, ein Grillfeuer, ein Kartoffelfeuer, ein Lagerfeuer oder ein Brand? Durften wir selbst schon einmal ein Feuer anzünden? Wie ging das? Worauf mussten wir dabei besonders achten?

## Eine Feuerstelle errichten

Eine kleine Feuerstelle lässt sich überall dort errichten, wo wir ausreichend Abstand zu Häusern, Bäumen und Sträuchern halten. Im Wald, in Parks oder öffentlichen Grünanlagen müssen wir immer eine Erlaubnis zum Feuermachen einholen! Zum Sichern oder Befestigen einer Feuerstelle können wir Steine kreisförmig anordnen, ein kleines Loch ins Erdreich graben, eine Blechwanne oder einen Grill benutzen. Egal, welche Form der Feuerstelle wir wählen, immer sollte ein Eimer Wasser zum Löschen der Flammen in greifbarer Nähe stehen!

## Experimente mit verschiedenen Materialien

- Wer mag, darf zuerst einmal ein Streichholz anzünden und es wieder auspusten. In einem nächsten Schritt löschen wir die Flamme unseres Streichholzes in einer Schüssel mit Wasser. Anschließend versuchen wir, ein Streichholz so lange wie möglich brennen zu lassen, ohne dass unsere Finger heiß werden. Wir werden schnell feststellen, dass die Kinder ganz unterschiedliche Erfahrungen und Vorkenntnisse im Umgang mit Streichhölzern haben!
- Wir sammeln verschiedene Materialien für unsere Feuerstelle, z. B. Papier, Pappe, Eierkartons, Äste, Tannenzapfen, Rinde, Stroh, trockenes Gras, und zünden sie mit einem Streichholz an. Wie brennen sie? Wie sehen ihre Flammen aus?
- Lassen sich Äste und Holzstücke direkt anzünden oder müssen wir ein leichter brennbares Material (Papier, trockenes Gras etc.) zu Hilfe nehmen, damit ein Funke überspringen kann?
- Wie schaffen wir es, dass unser Feuer nicht wieder ausgeht?
- Wie müssen wir ein Holzfeuer aufschichten, damit es gut brennen kann? Am besten geht es, wenn wir Äste oder Holzstücke aufstellen, aneinander lehnen. Die Hohlräume füllen wir mit Papier, Stroh und kleinen Ästen aus. So bekommt das Feuer genügend Sauerstoff, den es zum Brennen braucht.
- Was brennt gar nicht oder nur sehr schlecht? (feuchtes Holz, feuchte Blätter etc.)

## Feuer spüren

In unserer Feuerstelle entzünden wir ein Feuer. Mit geschlossenen Augen setzen wir uns um das flackernde Feuer herum. Wir spüren, wie die Hitze an unseren Wangen kitzelt, wie die Haut vielleicht zu kribbeln und zu spannen beginnt. Wir drehen uns mit dem Rücken zum Feuer, spüren, wie die Wärme sich auf unserem Rücken breit macht, wie wir uns einhüllen lassen von wohliger Wärme, ähnlich einer Decke, die uns jemand um die Schultern gelegt hat.

## In die Flammen schauen

Wir beobachten das Spiel des Feuers: Flammen züngeln, lecken, flackern, zucken, leuchten, lodern. Sie schimmern rot, gelb und orange. Das Feuer knackt, knistert, kracht, prasselt, glüht, raucht, Funken sprühen in den Himmel. Holzscheite und Äste verglühen, glimmen nur noch leicht, das Feuer ist ganz in sich zusammengefallen, nur hier und da noch ein kleiner, leuchtend roter Funke. Von allem bleibt nur ein Häufchen Asche übrig.

# Feuerwerke

## Feuer draußen und drinnen

### Malen mit Kohle

Mit einfacher Holzkohle, die man zum Grillen benutzt, oder mit Zeichenkohle malen wir auf Tapetenreste von Strukturtapeten schwarz-graue Bilder. Die Kohle lässt sich beim Malen sehr gut mit den Fingern, einem Pinsel oder mit Watte verwischen und verschmieren. Dabei entstehen interessante Muster und Schatten.

Wer es lieber farbig mag, benutzt als Malgrund Seidenpapier. Dazu reißen wir Seidenpapier in Rot, Gelb und Orange in Stücke, knüllen sie fest zusammen und streichen sie wieder ein wenig glatt. Dann kleben wir die Stücke auf weißen Fotokarton, den wir zuvor in DIN-A5-große Stücke zugeschnitten haben. Ist das Seidenpapier auf dem Karton angetrocknet, malen wir mit der Kohle über den rauen Untergrund. Durch das Schwarz der Kohle entsteht ein schöner Kontrast zu dem knitterigen Untergrund. Als Malthema bieten sich Feuer, Flammen, Rauch etc. an.

*Material:* Holz- oder Zeichenkohle, Strukturtapetenreste, Seidenpapier in Rot, Gelb und Orange, Kleber, weißer Fotokarton

### Zisch-Steine

Wir legen verschieden große Steine in unsere Feuerstelle und lassen sie dort gut heiß werden. Mit der Grillzange holen wir die heißen Steine aus dem Feuer und legen sie auf eine feuerfeste Unterlage (altes Backblech, Steinplatten etc.). Mit Hilfe einer Sprühflasche sprühen wir Wasser auf die warmen Steine und beobachten, wie es zischt, spritzt und qualmt. Das Wasser in der Sprühflasche können wir auch mit Lebensmittelfarbe einfärben. Beim Zischen und Verdampfen bleiben dann zarte Farbspuren auf den Steinen zurück.

### Malen auf heißen Steinen

Wir legen glatte Kieselsteine, Scherben von Tontöpfen oder Dachziegelstücke in unsere Feuerstelle und heizen sie auf. Mit der Grillzange legen wir sie wieder vorsichtig auf eine feuerfeste Unterlage. Mit Wachsmalstiften streichen wir vorsichtig über die warmen Steine, durch die Hitze schmilzt das Wachs in den Stiften und färbt die Steine bunt. Schön sieht es aus, wenn wir verschiedene Farben auf einem Stein schmelzen und ineinander laufen lassen. Ein wenig Experimentieren ist notwendig, um den Zeitpunkt herauszufinden, bei dem die Steine die Wachsmalfarbe schön schmelzen lassen.

### Drucken mit Ruß

Wer schon Übung im Umgang mit Feuer hat, für den ist das Drucken mit Ruß eine faszinierende Angelegenheit. Ein Stück Tonpapier (DIN A5) wird mit Speiseöl dünn eingestrichen, das ganze Papier

muss vom Öl durchtränkt sein. Dieses Stück Papier bewegen wir ruhig, aber stetig dicht über der Flammenspitze einer Kerze, und zwar so lange, bis das Papier ganz schwarz ist. Den Ruß können wir nun mit den Fingerspitzen oder einem Korken abnehmen und wie mit einem Stempel auf ein weißes Papier drücken. Schöne Rußabdrücke können wir auch mit kleinen frischen Blättern machen, die ausgeprägte Blattadern haben. Dazu legen wir das Blatt auf das Rußpapier, decken es mit einem Stück Papier ab und streichen ganz vorsichtig darüber. Dann heben wir es ab und platzieren es auf einer Briefkarte oder einem weiteren Bogen Papier. Fertig ist unser Rußdruck!
*Material:* Tonpapier, Speiseöl, ein Backpinsel, eine sicher stehende Stumpenkerze, Korken, frische Blätter, weißes Papier oder Briefkarten

## Asche-Gemälde

Wenn ein Feuer heruntergebrannt ist, bleibt von all dem, was wir verbrannt haben, nur die Asche übrig. Die ausgekühlte Asche füllen wir in kleine Töpfchen und verrühren sie mit etwas Wasser zu „Asche-Farbe“. Mit dieser Farbe können wir mit den Fingern, den Händen oder mit breiten Pinseln auf Papier oder Tapetenbahnen matschen, schmieren und malen. Verrühren wir Finger- oder Temperafarbe mit ein wenig Asche, sehen die entstehenden Farbtöne sehr geheimnisvoll aus.
*Material:* kleine Töpfchen oder Joghurtbecher, Papier, Finger- oder Temperafarben

## Malen zu feuriger Musik

Auf entspannende und erholsame Art und Weise können wir beim Malen zu „feuriger“ Musik innere Bilder, Vorstellungen und Farben, die wir mit dem Feuer verbinden, auf Papier zum Ausdruck bringen. Wir breiten große Papierbögen auf Tischen oder auf dem Boden aus, stellen Farben und Pinsel bereit. Jedes Kind sollte ausreichend Platz haben. Als „Feuermusik“ können wir z. B. G. F. Händels „Feuerwerksmusik“ oder I. Strawinskys „Feuervogel“ spielen. Nach einer kurzen Zeit des Einhörens in die Musik werden die Kinder zu malen beginnen – jedes für sich oder gemeinsam. Vielleicht haben die Kinder Lust, am Ende der Feuermalerei ihre Bilder vorzustellen und über ihre Malerlebnisse zu sprechen. Mit den Bildern lässt sich auch eine kleine Ausstellung arrangieren.
*Material:* große Papierbögen, Wasser- oder Temperafarben, Kassettenrekorder, Musik

## Feuergeister

Aus Modelliermasse oder Ton entstehen unter den Händen der Kinder kleine Wesen, Zwerge oder Geister mit zipfeligen Haaren, ulkigen Nasen, dicken Bäuchen, komischen Füßen. Beim Arbeiten mit Ton brauchen wir auch ein Gefäß mit Wasser. Beim Modellieren sorgen wir dafür, dass unsere Feuergeister auf dem Kopf oder mit den Händen eine kleine Kerze (z. B. eine Tannenbaumkerze) festhalten können. Zum Schluss müssen die Feuergeister – je nach Dicke – zwei bis drei Tage trocknen. Die aus Ton gearbeiteten Feuergeister müssen nicht unbedingt gebrannt werden, da wir sie nur als Schmuckstücke benutzen.
*Material:* Terrakottafarbener Ton oder lufttrocknende Modelliermasse, Wasser, kleine Kerzen

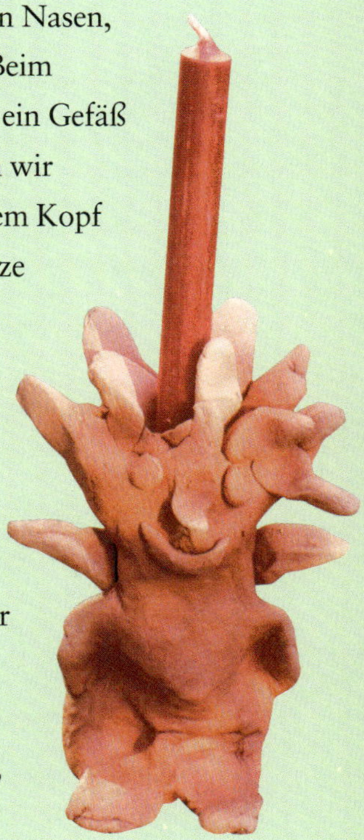

# Feuer in den Händen halten

## Laternenzeit

### Novemberdunkel

Es ist die Zeit
der frühen Dunkelheit.
Trübe und grau
schweigt der Tag.

Es ist die Zeit,
wo kein Mensch
in die Kälte mag.

Es ist die Zeit
der Spiele im Haus.
Wir erzählen von St. Martin
und gehen hinaus.

Es ist die Zeit
der Lieder und Laternen,
ein Lichterfest
mit Mond und Sternen.

Es ist die Zeit
der frühen Dunkelheit.
Um fünf Uhr ist schon Kerzenzeit.

Doch tief innen
wärmt mich ein Traum
vom blühenden Apfelbaum.

*Regina Bestle-Körfer*

In jedem Jahr lassen wir uns neu verzaubern von den Feuer- und Lichtbräuchen um Erntedank und St. Martin. Am Martinsabend gehen wir mit selbstgebastelten Lichtern hinaus in die Dunkelheit, um mit unseren Laternen die Nacht zu erhellen und ihr die absolute Schwärze zu nehmen. Wir versammeln uns um ein großes, warmes Feuer, singen, feiern, spielen und freuen uns daran, Licht und Wärme mit anderen teilen zu können.

### Obst und Gemüselaternen

Aus dünnem, feinmaschigem Hasendraht schneiden wir mit einer Drahtschere Rechtecke oder Quadrate aus und biegen sie zu unserer Grundform zurecht (z. B. Apfel, Birne, Möhre, Lauch oder Kohlkopf). Oben lassen wir eine Öffnung, damit dort später der Laternenstab mit seinem Licht hineingehängt werden kann. Aus Transparent- oder Seidenpapier schneiden oder reißen wir große Stücke, streichen sie kräftig mit Kleister ein und kleben sie auf das Drahtgerüst. Wir müssen mehrere Lagen Papier aufmodellieren und gut durchtrocknen lassen. Das kann ein bis zwei Tage dauern. Sind unsere Laternen getrocknet, befestigen wir einen kleinen Haltedraht an der Laternenöffnung und können dann mit dem Verzieren beginnen: Wir schneiden Blätter aus Tonpapier aus, bringen Möhrengrün oder -wurzeln an, schneiden Kohlblätter zurecht – je nach Gemüsesorte. Alle Teile kleben wir an der Laterne oder dem Haltedraht fest. *Material:* feinmaschiger Hasendraht am Meter (Baumarkt, Gartenhandel), Drahtschere, Seiden- oder Transparentpapier in passenden Farben, Kleister, Bindedraht, Tonpapierreste in den entsprechenden Farben der Gemüse oder des Obstes.

## Ast-Leuchten

Wir sammeln kräftige Äste und Stöcke mit etwa 3 bis 4 cm Durchmesser; sie sollten nicht zu krumm sein, damit wir später die Kerzen darauf gerade befestigen können. Für jeden Ast benötigen wir das Unterteil einer Käseschachtel, die wir mit einem Nagel in die Äste hineinschlagen. Aus Metalldrückfolie schneiden wir entsprechend dem Umfang der Käseschachtel einen etwa 10-15 cm breiten Streifen (gerade, mit Wellenrand oder mit Zacken); auf mehreren Lagen Zeitungspapier als Untergrundschutz drücken wir in die Folie mit Hilfe einer Stricknadel oder eines Kugelschreibers Muster. Zusätzlich pieksen wir mit einer Prickelnadel noch Löcher in die Folie, durch die das Licht schimmern kann. Anschließend kleben wir den gestalteten Streifen an die Käseschachtel und drücken ihn gut fest. Unsere Ast-Leuchten stecken wir tief in Sand, ins Blumenbeet oder in Blumenkübel. Jetzt fehlen nur noch Teelichter und die Ast-Leuchten können ihr zauberhaftes Licht verbreiten.
*Material:* Äste und Stöcke, Käseschachteln, Metalldrückfolie, Zeitungspapier, Stricknadeln oder Kugelschreiber, Prickelnadeln, Kraftkleber, Teelichter

## Sprechgesang am Martinsfeuer

Es gibt viele schöne Martinslieder, die wir am Feuer singen können, aber wenn wir einmal genau hinhören, macht auch das flackernde, lodernde Feuer Musik. Wir lauschen dem Feuer und fangen dann an, die Feuersprache nachzuahmen. Dazu teilen wir uns in verschiedene Gruppen, die zuerst nacheinander und dann alle zusammen folgende Laute flüstern, rufen, schreien, murmeln: „knick-knick-knack, knister-knaster-knuster, wisper-wisper-wisper, zisch-zisch-zisch, brutzel-brutzel-brutzel, bing-bang-boing, tuschel-puschel-wuschel, flüster-flüster-flüster." Wem fallen noch andere Wörter aus der Feuersprache ein?

## Kartoffel-Lämpchen

Zum Martins- oder Lichterfest werden auch unsere Räume festlich geschmückt. Lichterketten mit kleinen Glühbirnen verbreiten ein heimeliges und warmes Licht und lassen sich mit einfachen Mitteln ganz individuell gestalten: kleine Luftballons (Wasserbomben) pumpen wir auf und knoten sie fest zu. Klein gerissenes Transparentpapier in Weiß und Braun kleben wir mit Kleister auf die Luftballons, zuerst eine Schicht Weiß, darüber eine Schicht Braun. Die noch feuchten Luftballons können wir noch ein wenig „kartoffelförmig" zurechtdrücken, ehe wir sie ganz durchtrocknen lassen. Nach dem Trocknen schneiden wir eine kleine Öffnung in unsere Kartoffel und entfernen den Luftballon. Anschließend stecken wir die fertigen Kartoffeln auf eine Lichterkette und binden sie, wenn nötig, mit feinem Draht fest. Mehrere der Kartoffellämpchen fassen wir mit dünnem Draht und grünem Krepppapier zu einer Kartoffelpflanze zusammen. Unsere Kartoffellämpchen können, mit einem Teelicht beleuchtet, auch Tische und Fensterbänke schmücken!
*Material:* kleine Luftballons (Wasserbomben), Luftballonpumpe, Transparentpapier in Braun und Weiß, Kleister, eine Lichterkette, dünner Bindedraht, grünes Krepppapier, Teelichter.

# Geheimnisvolle Feuerwesen

## Von Funkenfeen und Feuertänzern

### Die Geschichte von der klitzekleinen Funkenfee und vom fröhlichen Knispelwichtel

Es lebten einmal in einem tiefen Wald eine klitzekleine Funkenfee und ein fröhlicher Knispelwichtel. Sie wohnten in einer Wurzelhöhle am Fuße einer mächtigen Rotbuche. Jedes Jahr im Herbst, wenn es dunkler und dunkler wurde, klagte der sonst so fröhliche Knispelwichtel über die bevorstehende lange, dunkle Jahreszeit, die er meist mürrisch und gelangweilt in seiner Wurzelhöhle verbrachte. Er mochte die Dunkelheit nicht, weil er ohne seine Freundin, die Funkenfee, keinen Schritt mehr im dunklen Wald alleine gehen konnte. Begleitete sie ihn nicht auf Schritt und Tritt, stieß er sich seine kleinen Wichtelfüße an jedem spitzen Stein oder er rempelte mit dem kleinen Wichtelkopf gegen jeden Baumstamm. Die kleine Funkenfee dagegen fand es auch im Herbst und Winter ganz lustig im Wald, weil sie selbst ein kleines Licht in sich hatte, das sie nur ausspucken musste und schon sprudelten kleine, helle Funken aus ihrem Mund, die zwar sofort verglühten, aber doch für ein wenig Licht auf ihren Wegen sorgten.

Und so war es jedes Jahr dasselbe. Der sonst so fröhliche Knispelwichtel, der am liebsten im Wald umherstrolchte und mit den Eichhörnchen und Vögeln um die Wette raschelte und knisterte, wurde immer mürrischer, was die kleine Funkenfee nicht länger mit ansehen wollte. „Ich muss mir etwas überlegen, damit mein Freund, der Knispelwichtel, auch in der dunkelsten Zeit des Jahres seine fröhliche Knistermusik im Wald machen kann, ohne sich zu verletzen. Aber wie soll ich es nur schaffen, ein großes Licht in diesen dunklen Wald zu bringen? Meine Funken sind zu klein und leuchten nur einen winzigen Augenblick." In dieser Nacht hatte die kleine Funkenfee einen wunderschönen Traum. Sie träumte von ihrer Ururgroßmutter, der mächtigen Drachenfee, die riesengroße Feuerzungen spucken konnte. Und stellt euch vor, die mächtige, alte Drachendame verriet der kleinen Funkenfee ein Geheimnis. Sie sprach zu ihr im Traum: „Liebe kleine Funkenfee, glaube mir, auch du kannst Funken spucken, die groß und mächtig werden, die helles Licht und Wärme spenden. Suche dir einen Freund, der dir trockenes Geäst und knisterndes Reisig aufschichtet, und dann spuckst du mitten in den Holzhaufen deine kleinen Funken hinein. Ein kleiner Windhauch hilft deinen Funken, eine kleine Flamme am Holz zu entfachen, und dann habe ein wenig Geduld und freue dich auf das, was dann geschieht." Als die kleine Funkenfee ihren Traum zu Ende geträumt hatte, war sie sofort hellwach. Sie dankte ihrer Ururgroßmutter für den guten Traum und weckte ihren Wichtelfreund. Er besorgte gespannt so viel knisterndes Reisig, wie er tragen konnte, und freute sich mit der kleinen Funkenfee auf ihr neues Spiel. Nachdem sie das trockene Geäst zu einem Hügel aufgeschichtet hatten, holte die kleine Funkenfee tief Luft und blies hundert kleine Funken mitten in den Holzhaufen hinein. Der Knispelwichtel war so aufgeregt, dass er wie ein wilder Wichtel über den Holzhaufen mit den hundert Funken sprang und es nur so knisterte. Und was das Wichtigste war, er machte mächtigen Wind dabei. Und genau diesen Wind brauchten die kleinen Funken, um sich tief in das Geäst zu bohren und kleine Flammen zu entzünden, die größer und größer wurden, bis sie ein Feuer waren, das Licht und Wärme schenkte.

Als der fröhliche Knispelwichtel und die kleine Funkenfee sahen, was sie gemeinsam geschafft hatten, freuten sie sich über ihr neu erfundenes Spiel, das sie von nun an jeden Tag in der dunklen Zeit des Jahres miteinander spielten.

*Regina Bestle-Körfer*

## Wir basteln ein „Feuer"

Wir basteln ein großes „Feuer" für drinnen. Dazu sammeln wir Äste und Zweige, die wir genauso aufschichten, als würden wir ein echtes Feuer entfachen. In die Mitte des Holzstapels legen wir eine Lichterkette. Aus gelbem, rotem und weißem Transparentpapier schneiden oder reißen wir Feuerzungen und kleben sie an den Ästen und Zweigen fest.

## Feuerspringen

Wer traut sich, über unser „Feuer" zu springen? Mit etwas Anlauf und angefeuert von unseren Funkenfeen und Knispelwichteln wird es wohl gelingen!

## Feuermusik

Es fehlen noch die Feuergeräusche, die wir mit Instrumenten nachempfinden. Knisternde Feuergeräusche können wir erzeugen, indem wir leise mit den Fingernägeln auf dem Fell einer Handtrommel kratzen oder mit Butterbrotpapier knistern. Prasselnde Feuergeräusche können wir mit Rasseln nachahmen und knackendes Feuer entsteht, wenn wir trockene kleine Äste und Zweige durchbrechen.

## Ein Feuertanz

Wir verkleiden uns als Funkenfeen und Knispelwichtel. Wir tragen eine selbstgebastelte Feuermaske aus Papier, die wir mit gerissenen Flammen aus Ton- oder Transparentpapier bekleben. Wir setzen uns auf dem Boden in einem großen Kreis eng zusammen. In den Händen halten wir ein rotes, gelbes oder oranges Tuch oder ein Stück Krepppapierband. Wir machen uns ganz klein. Langsam läuft eine Funkenfee um den Kreis herum und berührt unseren Rücken sanft mit der Hand: Das Feuer erwacht, ein kleiner Funke ist übergesprungen. Knisternde, züngelnde Flammen tanzen auf und nieder. Nach ausgelassenem Flammentanz werden die Flammen wieder kleiner.

## Die Autorinnen

Annemarie Stollenwerk studierte Sozialpädagogik und war zunächst in der Heimerziehung für Kinder und Jugendliche aktiv. Seit zehn Jahren ist sie als Autorin tätig

Regina Bestle-Körfer studierte Sozialpädagogik und arbeitete in einer Frühförderstelle und danach in einer schulpsychologischen Beratungsstelle. Seit zehn Jahren ist sie als Autorin und Redakteurin tätig.

Wir danken unseren Familien für ihr Dabei-Sein beim Entstehen dieses Buches.


Printed in Belgium

ISBN 3-419-52900-7



Gesamtherstellung:
Hampp Verlag, Stuttgart
Redaktion: Marion Krause
Fotos: S. 4, 15, 64 Heidi Velten; S. 6, 11, 38, 40, 47, 48, 62 Jutta Weser;
S. 12, 18, 20, 25, 34, 54 Ulrich Niehoff;
S. 23, 45, 68 Christoph Schmotz;
S. 17 Regina Bestle-Körfer;
S. 67 Annemarie Stollenwerk

Vorlagen der Gemälde von Arcimboldo (S. 37) finden Sie in dem Buch „The Arcimboldo Effect“, Bompiani Verlag, Mailand

Illustrationen: Pia Eisenbarth
Umschlaggestaltung:
Network!, München
Satz: pws Print und Werbeservice, Stuttgart
Repro: BTB Baun, Fellbach
Druck: Proost, Turnhout



Hermann-Herder-Straße 4
79104 Freiburg im Breisgau
Telefon: 07 61/27 17 – 26 8 oder
Fax: 07 61/27 17 – 35 2